● 中学美文读本

扳倒自己

主　编：北京大学中文系主任博士生导师
温儒敏
北京师范大学中文系博士生导师
王富仁

吉林人民出版社

图书在版编目(CIP)数据

扳倒自己 / 温儒敏,王富仁主编. —2 版. —长春:
吉林人民出版社,2011.8
(中学美文读本)
ISBN 978 – 7 – 206 – 03830 – 3

Ⅰ.①扳… Ⅱ.①温… ②王… Ⅲ.①散文—文学欣赏—世界
②随笔—文学欣赏—世界 Ⅳ.①I106.6

中国版本图书馆 CIP 数据核字(2011)第 180665 号

扳倒自己

主　　编:温儒敏　　王富仁
责任编辑:张立华
吉林人民出版社出版发行(长春市人民大街 7548 号 邮政编码:130022)
网　　址:www.jlpph.com
全国新华书店经销
发行热线:0431 – 85395845　　85395821
印　　刷:北京嘉业印刷厂
开　　本:650mm×960mm　1/16
印　　张:15　　　　　字　数:170 千字
标准书号:ISBN 978 – 7 – 206 – 03830 – 3
版　　次:2011 年 9 月第 2 版　　　印　次:2016 年 8 月第 4 次印刷
定　　价:29. 80 元

序

这几年，文学圈儿内鼓噪得不像个模样儿，什么怪诞的、荒谬的、离奇的、粗俗的……各式各样的文学流派粉墨登场，闹得花哨，闹得热火，闹得门前冷落读者稀，还嫌不够来劲，不够刺激。于是，把"美女作家""新新人类"再推上前台，涂脂抹粉，扭腰摆臀，以争取新的亮点儿。

我们姑且把此类文学称之为"泡沫文学"，泡沫者，一闪即逝之物也。文学圈儿内倘若揉进了这类东西，那就无异于假冒伪劣商品，扰乱社会，坑害民众，甚至会致人残疾夺人性命——把文学硬是弄成非驴非马的模样儿，这是整个文学界的悲哀呵。

当然，这些年，我们的文学也有鲜亮的一面，有清新的空气，且不说那些重量级的作家推出的重量级的作品，就是一些野花小草，也丛生争妍，并时不时透出点儿韧劲儿，透出点儿暗香，叫人痴迷得癫狂不已，欲罢不能。

选编《中学美文读本》这套丛书的目的，就是想把散落于各地的野花小草集中起来，培以土壤，施以水肥，以供读者鉴赏。文体以时下较受青睐的精短散文、随笔为主，内容上讲究可读性、独创性和哲理性，有缠绵的情思，悠扬的春曲，亦有心灵的感悟，深沉的反醒。随手撷来，总有些油盐酱醋蕴含其中，让人几多回味，几多思索。

世纪之声交融，野花小草吐芳。

愿滂沛之文风常吹，精神之枝干常绿。

编 者

目 录

打翻在地

遍体鳞伤

打翻在地

■ 畏惧自由

>> 伊 甸

　　"自由"这个词充满魅惑，它神圣的光芒来自天堂，我们没有理由不对它顶礼膜拜。当它有幸来到我们中间，它就会成为我们的翅膀，让我们像天鹅、像犀鸟、像云雀那样去高远的云天纵情飞翔。

　　飞翔是鸟的天性，一只笼中鸟无论被囚禁多久，一旦打开笼门，它就会展翅高飞，直扑蓝天。因此还可以说，自由是鸟的天性。一些诗人和一些囚徒，把飞翔的鸟儿看作自由的象征。

　　自由是不是人类的天性？

　　"自由"这个词充满魅惑，它神圣的光芒来自天堂，我们没有理由不对它顶礼膜拜。当它有幸来到我们中间，它就会成为我们的翅膀，让我们像天鹅、像犀鸟、像云雀那样去高远的云天纵情飞翔。

　　然而事实上，我们常常畏惧自由，甚至逃避自由。

　　我们有了恋爱的自由，再不需要冒沉潭活埋的危险去私奔，但我们又亲手把爱情禁锢在道德、名利和既定秩序的囚笼里。

　　我们有了写作的自由，再不会像布罗茨基那样被加上可笑的罪名流放，像"清风不识字，何故乱翻书"的作者那样被莫名其妙的砍头，象胡风那样在监狱里遭受长期的非人折磨，像老舍那样不堪凌辱而死……但许多诗人和作家依然被自己的种种惰性、偏见和欲望捆绑，他们的思想和良知始终蜷缩在地上不愿自由飞翔。

自由固然是一种权利，但更是一种意识、一种素质、一种能力。在一个只强调共性、千方百计要消灭个性的社会里，这种自由的意识、素质和能力得不到必需的滋养，它勉强开出的花朵是残缺的和病态的。萨特和波伏瓦这两位现代伟人的自由精神，对于中国人来说，只能被看作神话和梦想。

我们的自由意识、自由素质和自由能力都处在先天贫血状态，我们既渴望自由，又畏惧自由，逃避自由。因为在缺乏自由精神的环境里，自由赋予我们的不是尊严，不是幸福，而是牺牲、屈辱和痛苦。

我们的爱和思想，只能戴着桎梏趔趄前行。我们单薄的身子还承担不了自由的巨大翅翼。

■ 赏 析

"飞翔是鸟的天性"，自由是人类的渴望。我们总幻想有一双自由翅膀，在生活中纵情飞翔。

然而，当我们有了自由时，却总是将它无情的埋葬。我们将爱情禁锢在囚笼中，将思想和良知困在地上。于是，自由的意识，素质和能力成了"神话和梦想"。

这些，都是因为我们处在"缺乏自由精神的环境"中，不得不"戴着桎梏趔趄前行"。

我们强烈畏惧着自由，正如热切渴望它一样。这样，永远也不可能高高飞翔。

■ 谦卑的人有福

>> 刘　墉

　　如果在乞丐面前不够谦卑，证明他是一个有钱人；如果在世界的壮美面前仍不谦卑，则证明他是愚人。

　　先民造出庙宇叩拜的理由之一，在于表达自己对造物主的谦卑。无论造物主是上帝，抑或就是大自然本身。他们谦卑，并非真的见过上帝，而是生活中的种种奇迹——譬如土地上生长庄稼，清澈的河水可供饮用，孩子们健康成长——在表明，人的存在并不仅由人的力量完成。

　　于是他们谦卑，伏在地上求得神的喜欢。使庄稼明年继续生长，让孩子们的孩子依然健康。

　　如果不讨论被膜拜的一方，即神，是否真的存在，我们所感动的，是先民对待周围的姿态：虔诚、恭顺以及明智的位置选择。

　　谦卑正是一种姿态。

　　如果认识到人在自然环境中是一员而不是一霸，认识到自己在知识的疆域中的距离，认识到气象蔼然是别人最喜欢的一张名片，那就会选择谦卑。

　　谦卑是找准了自己的位置。一个人在时代、事业与家庭中都有一个最合适的位置。聪明的人最清楚自己的位置在哪里，坐下来，像观赏电影一样展开自己的人生。而另一些人，终生都在找位置，而无暇坐下来做应做的事情。无论在什么样的际遇里，你只要谦卑，生活的位置就会向你显示出来。

谦卑是一种睿智。许多人对牛顿晚年的一段话不解。他说，在科学面前，我只是一个在岸边拣石子的小孩儿。这并非谦逊，实为感叹。牛顿穷毕生之力，终于看到了宇宙的浩瀚无际，也看到了自己的局限性。爱因斯坦正是发现了牛顿古典力学在特定情形下的谬误后，才开创了相对论。这一点，牛顿即使活着也不会惊讶，因为他从不为创立了足称不朽的定律而狂妄。所有称得上大师的人，他们的创造力使他们谦卑。如果在乞丐面前不够谦卑，证明他是一个有钱人；如果在世界的壮美面前仍不谦卑，则证明他是愚人。

谦卑是美。谄媚、奴颜、趋炎附势种种恶行与谦卑无关。谦卑是虚怀若谷所显示的平静，是洞悉人心之后的安然，是进退自如的冲和。谦卑不是让你向势高一头的人畏缩。它是心智的清明，在天地大美面前豁然醒悟之后的喜悦。谦卑使人焕发出美，不光彬彬有礼，也不光以笑颜悦人，它是一个人在历经沧海之后才有的一种亲切，大善盈胸之际的一份宽厚，物欲淘净之余呈现的一颗赤子之心。这种姿态超凡脱俗，使人心仪不已。

这就是谦卑的力量。

■ 赏 析

谦卑是智者的美德。在浩瀚无边的世界，谁也无法成为主宰万物的上帝，谁也不可能揭开一切生存的秘密，而正是这种谦卑的姿态，使智者的思想连在一起，这是火焰的汇集，它可以燃烧一切的阴霾!

谦卑是"美",是"睿智",是"虚怀若谷"的壮美,它拒绝"谄媚、奴颜、趋炎附势",它是"亲切"、"宽厚"的一颗"赤子之心"!

■ 竹 篾

>> 左建明

人生的哲学就是这样，你失败了一次，它便告诉你这个地方你走过了，不要再重蹈覆辙，你应该换一条路去走。当你换过无数次之后，成功的坦途就已经铺到你的面前了。

那是一个想来十分遥远的中午了，炽热的太阳高悬中天。

我背了书包，在桉树的浓阴下轻捷地走着。由于南方雨水频繁，树阴的通道长满了青青的苔藓。在道边上走，一不小心就摔个仰巴叉。于是，我只好在窄窄的通道中间走了——但这不是我后来肇事的理由。

接下来，我看见一位白发稀疏的老婆婆领着他的外孙在离我不到两丈远的地方蹒跚着前行。那孩子大约只有一岁半，我认识，跟我家住一个院。小家伙白白胖胖，小嘴嘟哝着，眼睛又黑又亮，可爱极了。这会儿，他只穿了件有背带的开裆小裤衩，小屁股一撅一撅，跟个小鸭子似的。

我还发现，他手里握了根又细又长的竹篾，那竹篾的尾端就在我脚前两三尺的地方游来摆去。这是一根充满诱惑与动感的美妙线条。

那一会儿，我突然变得愚蠢可恶：我挪动着脚步，企图踩住那根美妙的竹篾。尽管我意识的平面上只是想跟那孩子逗着玩玩，但仔细想想，人的恶念原来与生俱有。

我是终于将那根竹篾踩住了。于是，美妙活泼富有生命感的竹篾一下绷直成一条僵硬毒辣的直线，与此同时，我听到那孩子哇的一声哭叫起来，我看见那根竹篾从他手里甩脱了，仿佛甩掉一条蛇。

"啊呀！"老婆婆扳过孩子的手，不禁失声叫起来。我赶紧跑上去，一看，那孩子白胖胖嫩生生的小手被竹篾划了深深的一道伤口，鲜红鲜红的血液往外涌流。我觉得心脏好像被竹篾一下子刺穿了，浑身打了一个永生难忘的激灵。

那一刻，我惊惶失措，只盼着发生的事是一个恶梦才好。

老婆婆却说："莫害怕，你又不是故意的。"

我长吁一口气，内心的恐惧一下子被安抚了。因为老婆婆不以为我是故意的，我就可以免遭一场责难了。

于是我就坡骑驴，顺水推舟，不管表情如何尴尬难堪，我极力装作是不留心而误踩了竹篾的神态。是啊，竹篾那么长，后边的人不小心而误踩上了的可能性是挺大的呀！

老婆婆急急惶惶地抱着孩子找卫生室去了。

那条长长的竹篾刚才还活蹦乱跳着，这会儿却僵直地卧在长满苔藓的小路上。

耳边还有那孩子渐远渐轻的哭泣。

午后，我被一种不安驱使着，到隔壁老婆婆家去看那孩子。孩子的手已经缠上厚厚的白纱布，他的爸爸妈妈正心疼地皱紧眉头。老婆婆见我去了，对小孩的爸妈说："他不是故意的。都怪我，不该让娃儿拿篾子耍。"

我低着头，对老婆婆充满感激，但我仍然没敢承认自己是故意的。

那时候，我刚上初中，屈指算来，已有三十多年了。那条竹篾为我培植了一种生理条件反射：无论何时何地，只要听到（更不用说见到）别人一不小心划破了皮肉，我立即会浑身打一个激灵，一种麻酥酥的感觉透遍全身，仿佛自己也挨了一刀。

那仅仅是一种生理条件反射么？

多少年来，我眼前常常浮现了一幅美丽生动的图画：一位白发老婆婆领她的胖嘟嘟的小外孙在前面走，那孩子拖着一条长长的竹篾，在他一撅一撅的屁股蛋后边活蹦乱跳地游来摆去。

我干嘛要踩上一脚啊！

■ 赏 析

古人谓：一失足成千古恨，再回头是百年身。是说，一旦犯下错误，悔之已晚，会铸成终身恨事，再要改正，只能等下辈子了——这，一般说的是大错。

但不论是大错还是小错，有悔有恨，全在于有良知。有良知才会知悔知恨，天良丧尽，浑然不知，也就毫不知悔，无从生恨。而良知，是内心对是非善恶的正确判断，不是生来俱有的，也不是人人俱有的，这需要良心发现；没良心，或一以贯之地存心不良，便会成为死不改悔，那就行同狗豨了。

以善对善，皆善；以恶对恶，皆恶——这世界，若人人善待他人，该是多么美好呵。

《竹篾》就是呼唤善心的。有善才有爱，正如那首歌里唱的：只要人人献出一点爱……

■ 她跪下了左腿

>> 秦　彤

　　整个课堂一片静寂，虚空一样的静寂。然而我却分明清晰地听到了76颗心脏以怎样的速度跳动，听到了76个躯体里血的河流以怎样的速度奔涌，听到了76颗灵魂在如何地吼叫却没有一颗勇敢地站出来表白。

　　"作为一名教师，我没有想到我的学生们会用作弊这种手段来欺骗我，来欺骗你们自己，你们的学业。作弊对我来说从来都是一种耻辱，尤其当我来到异国成为一名教师时。我宁愿我的学生从我的课上只学到诚实。所以，凭我的心，我请求我的学生再也不要作弊，再也不要欺骗。"

　　当24岁的R面向我们76位中国大学生跪下她的左腿时，整个课堂一片静寂，虚空一样的静寂。然而我却分明清晰地听到了76颗心脏以怎样的速度跳动，听到了76个躯体里血的河流以怎样的速度奔涌，听到了76颗灵魂在如何地吼叫却没有一颗勇敢地站出来表白。

　　R曾在美国获大学政治学学士和商业金融管理的硕士学位，在美国她是一个有着丰厚收入的银行职员，而她却选择了"英语学会"这个使世界人民学习英语的组织，她想把到异国去传播英语知识作一抹优美的华彩涂在人生的第24个年轮上。如今，她终于如愿地站在了M大学的讲台上，迎接新的挑战。

这块崭新的领域对 R 充满着神奇与幻想,她尽情地享受这里美妙的阳光。每天下午,在喧闹的操场上,你总可以看到一个金发碧眼的高个姑娘,那么认真地锻炼着,脸上始终挂着微笑。生活中的她永远那么活泼,可亲,充满活力,而她周围的同学则无形中多了一个练习口语的伙伴。

然而,这一次她失望了。

3 次讲座一次测验。仅有的 6 张讲义上几乎印下了所有要点,任何一位学生只要认真看上两遍便会从容通过测验。可是,她失望了。

R 和另两位外籍教师一起找到了系里,讲述了学生们作弊的情况。很多人为这次考试作了"准备"——纸条小抄、桌上的记号以及她们大概永远也搞不懂的手势。

三位异国女性愤怒了,她们要求重新考试。

"法不责众",传统的中国法则使系主任为难了。两个小时艰难的讨论后,惩罚是全体降分 20 分。

于是,当 R 再次登上讲台,她放下了讲义。她对自己的职责似乎有了更深的理解。

当那双碧蓝深邃的眼睛再一次扫过整个课堂时,那里仍是一片沉寂,只有她响亮坚定的声音仍在回响:

"我知道分数对于学生的重要性,知道你们需要一个高分去获得更好的工作,但我不明白,如果你们没有真正的才识,如何去维系这种生活……"

"我亲爱的同学们,20 年、10 年或许更短的时间以后,我一名外籍教师所讲的知识或许都会成为流水从你们的记忆中流走,我不会遗憾,但我希望,真心地希望,到那时,你们还会记得有一位异国老师曾怎样地请求你们做一个诚实的人……"

R 的一只膝盖抵着地,嘴唇仍在颤动着,而我好像什么也没听见，只有一个声音在夜空中震荡：

"The most important thing is to be honest!"　（最重要的事情是诚实。）

我知道，它会铭刻在我心中，铭刻在 76 颗心中。永远，永远。

■ 赏 析

这是一位外籍女教师真诚的呼唤。"她跪下了左腿"，她在 76 个中国大学生面前"跪下了左腿"，多么诚挚而沉重的举动！像一块巨大的山石，重重地压在 76 颗心脏之上。

是的，她所做的一切，只是想教会大家"诚实"二字的含义，只是想以自己的真诚换取真诚，她几乎付出了自己的所有，付出了尊严和人格，她在期盼着，呼唤着……

你听到她真切而颤抖的声音了吗？

■ 别让雨下进灵魂里

>> 凌　非

不要让一场雨下进灵魂里，不要让一口气久久不蒸发，从而输掉青春、爱情、可能的辉煌和一伸手就能摘到的幸福。

星期三下午上班的时候，一位气质极好、一看就属白领阶层的青年女子来找我的一位同事。正巧我的同事不在，她留下了姓名。等我的同事回来，我把情况作了通报，还意犹未尽地说了一通"不去当演员，可惜了"之类的惋惜话。同事笑道："你怎么知道她没有去当演员？事实上她不仅做过演员，而且还曾与一个非常重要的角色失之交臂过呢。"说着他报出了那个角色。我的心里猛然一震：那可是个令一名当年原本无名的女演员一夜之间红得发紫的角色啊！

而她是怎样错过的呢？当时，慧眼识珠的导演挑女主角，挑来挑去，最后只剩下两位候选人：她与日后走红的那位。论外形和气质，非她莫属。然而她脸上几颗隐瞒不了的青春痘造成了导演的犹豫。导演虽然有些犹豫，但还是偏向于她的，不巧这时外界又传出了她与导演有染的流言。一贯无瑕的她一赌气，退出竞争，旋即又辞职，匆匆地从南边打道回府了。

10 年来，她远离机会频频、可以尽展才华的演艺界，成了一名普通的白领。偏离了自己真正的轨道，从事着自己并不真心喜欢的职业，其中郁积的遗憾和委屈又岂是一口气能赌掉的？况且，她的婚姻也因之而并不幸福。

小时候，我听过一个故事，说的是从前有一个人提着网去打鱼，不巧这时下起了大雨，他一赌气将网撕破了。网撕破了还不够，又因气恼一头栽进了池塘，再也没有爬上来。小时候，我想世上哪有这样的傻子，这一定是个哄人的故事。现在想起来，这个故事还是很有意义的。

下雨不能打鱼，等天晴就是了。

不要让一场雨下进灵魂里，不要让一口气久久不蒸发，从而输掉青春、爱情、可能的辉煌和一伸手就能摘到的幸福。

■ 赏 析

问题是：嘴长在人家脸上。岂能管住人家的嘴巴，"流言恶语"由人家说去，怕啥？但丁就说过：走自己的路，让别人去说吧！何必跟这种"小人""赌气"？"赌"坏了身子骨儿，"赌"坏了事业、前程，不是正中了人家的冷枪暗箭吗？

让憋在心头儿的闷气"蒸发"掉，让昂起的头颅高傲地在世俗的目光之中流动，你就是你，活出自己的风流，可千万不要学那个"渔夫"。

■ 评　画

>> 张晓风

成功在人生最遥远的地方，人生的近处站满了失败。所有的努力必然都从失败开始。一个人，如果认识不到这一点，便是一个平庸的人。

若干年前，在巴黎一家咖啡馆，一位在法国专攻东方情调油画的中国画家，经人介绍，与当时一位大红大紫的画界评论权威见面。彼此落座，略事寒暄，画家便迫不及待地要打开随身携带的画卷，恭请对方品题——谁都知道，评论家德高望重，慧眼独具，画作一旦经其揄扬，立马身价百倍；退而求其次，即使被他指教一下，如《水浒传》中九纹龙史进被八十万禁军教头王进点拨那样，也将终生受益无穷——没想到评论家霍地按住他的手，说：

"别急，我先问你两个问题——第一，你几岁出国？第二，你在巴黎待了几年？"

"我19岁出国，在巴黎待了9年。"画家颇为自得。

"唔，这个么，如果是这样，画就不必打开了，我根本就用不着看。"评论家面露微笑，那口气，却坚决得不留一点余地。"这是因为，你19岁就出来了，那时毕竟年轻，还不懂得什么叫中国。在巴黎9年，也嫌太短，你也不知道什么叫西方。——既昧于己，又昧于彼，想想看，你的画还有什么值得让我品评的？哪里还需要打开？"

■赏 析

大师不愧为大师！不用看画，就知画的品位，玄而又玄。

可听完大师的理论，方知大师的确"慧眼独具"，这双"慧眼"源于对画的深层感悟和积累：没有厚实的生活基础，哪儿来惊世之作、骇世之笔呢？

看来，惟有"厚积"，方能"薄发"，洗脸盆里练游泳——永远都是个"旱鸭子"！

如果有人为你打架

>> 金 玲

男人都是很逞强的，没有人会感激你让他们有机会出丑。

那天，我们在看电视剧，里面的两个男人正在为女主角大打出手，你开玩笑说，还没有人为我打过架呢。

我说，这样不是很好么，说明你认识的男孩子都比较明白，或者你比较谨慎。

你说："可是，有人肯为你打架，总是很有意思的，说不定也挺好玩呢。"

我想这是好奇，还是女孩子特有的一点小虚荣。

可是，那会有意思，那会好玩吗？我不知道，因为对这种情况我曾避之惟恐不及，没有经验，只能抽象地分析一下。

如果这两个人中有一个是你喜欢的，另一个只是妒忌或者一时冲动，那么他们根本没有打架的理由，如果打起来了，妒忌的那个是失去理智，而另一个事后也会觉得自己缺了点风度。男人都是很逞强的，没有人会感激你让他们有机会出丑。

如果那两个人都不怎么样，你都不喜欢，甚至觉得他们的追求让你为难、困扰，结果他们倒自己打起来了，看着两个糊涂虫在那儿莫名其妙地打作一团，你会觉得啼笑皆非、万分难堪，如果是大庭广众之下，你会无地自容。结果很可能是三个人都成了笑料里的主角。那对你只是一件恨不得人人马上忘掉的事，不会让你愉快的。

看来，有人为你打架，并不太好玩。

当然还有一种可能，如果两个人都很优秀呢？我知道女孩子所期待的，是这种情况吧。

给你讲个故事吧，听完了你自己去想。

有两个男孩子，他们是好朋友，其中的一个，就叫他白，另一个就叫他蓝。白有一个很可爱的女朋友，后来这个女孩子认识了蓝，渐渐对蓝有了好感，蓝的态度不是明确，也许是顾忌白，也许是还没有想好该怎么办。不管蓝的态度如何，那边白和女朋友之间可就出现了危机。结果，有一天，忍无可忍的白等在蓝的单位门口，对他说："我必须揍你一顿！"就挥拳而下，蓝不知是觉得受了冤枉还是被激怒了，就回敬了白，两人狠狠地打了一架。

据看见的人说，两个人都是英俊的小伙子，而且打得很厉害，真有些像西部片里的镜头。

结果是，两个好朋友彻底决裂。那个女孩子没有和他们中任何一个发展下去，她一个人出国了。不知道蓝与白的那场"决斗"在她心里唤起的是骄傲呢，还是痛苦。

蓝与白都是我认识的人，所以我问，那个女孩子叫什么名字，讲故事的人想了半天，说：那个女孩的名字啊，忘了，奇怪，一点也想不起来了。

这是一个真实的故事，绝对比少女浪漫轻柔的幻想真实。

■ 赏 析

浪漫的少女，也许会幻想"有人为你打架"。那会怎么样呢？

你真正爱着的人，只有一个。假如他在打架的人中，胜了，你会难过，因为他靠武力，不光彩；败了，你会心痛，因为他太软弱，不威猛。而且，打架本身就是很不理智的。你会开心吗？

他若不在打架的人中，你看着自己"都不喜欢"的人傻乎乎地打，会快乐吗？

真爱不需要打架。善良美丽的你，应该回避武力。爱情，来不得半点的暴力与勉强。

■ 人在旅途

>> 祝 勇

在一个人的一生中，只要你认真地行你的路，只要你没有偷懒，只要你对得起自己的一颗心，你就无愧于你的生命了，不论你在途中，处于怎样的位置。

在同龄人中，总有一些人是上帝的骄子、命运的宠儿，他们每行一程，都仿佛有神明在保佑，所以他们才会畅行无阻，总是先于别人赶到前面的驿站。

而你，也正全心全意地，走在属于你的路上。你的身旁是成行成垄的庄稼，洒满阳光的红顶小屋，青青的高山，碧碧的河谷……你的心本是轻松的，充满了淡淡的欢愉。

然而，当你看见前面的背影，正占有着你的幻梦与憧憬，当你看见他们之间那长长的距离，你的心顿时黯淡下来，并伴一声无奈的叹息。

于是，你便觉得本挺幸福的日子已经黯然失色，一任哀伤甚至嫉妒的阴影，笼罩你剩下的旅程。

这才是真正地意味着失去啊，失去了自己，失去了本属于你的——澄明、清幽、开阔、辽远的未来。

在一个人的一生中，只要你认真地行你的路，只要你没有偷懒，或者说，只要你对得起自己的一颗心，你就无愧于你的生命了，不论你在途中，处于怎样的位置。

是的，无论你已领先或者落后，只要你还在前行。

■ 赏 析

人在旅途，可能会遇到失败、挫折、嫉妒、抵毁……于是，情感和岁月就牧着一群恶羊，一点一点啃啮我们翠绿活泼的心；所以，"本挺幸福的日子已经黯然失色，一任哀伤甚至嫉妒的阴影，笼罩你剩下的旅程"。

面对这些，人只需一份宏富的坦然，铭刻"天空不留下鸟的痕迹，但我已飞过"的格言，时间留给我们的，就不会是爬满虱子的回忆。

"是的，无论你领先或者落后，只要你在前行"，一切都好！

■ 你是一颗美丽的星

>> 吕 林

　　羡慕自己，崇拜自己吧！要坚信"天生我才必有用"！是星，总要有自己的位置；是星，迟早要放出光亮。现在，也许你的光还很暗弱，但勤奋与劳动就是你无尽的热能！只要你在自己的岗位上发挥出自己的聪明才智，你就是一颗美丽的星！

　　你的床头挂着郭富城的巨照；

　　你的桌上压着黎明的倩影；

　　你的日记记满了有关明星的趣闻、轶事，甚至他们的经历和生平……

　　你羡慕他们，崇拜他们。你认为只有像他们那样轰轰烈烈、辉辉煌煌、潇潇洒洒，才不枉为人生！

　　为此，你怨父母为什么没给你林青霞的面孔；你恨自己为什么没有巩俐的才能……

　　你的感觉，你的看法，我并不惊讶，也不责怪。因为你身边的生活有时发热，你的阅历还太少，你的年纪还太轻。

　　民间早有"地上一个人，天上一颗星"的说法。其实，我们每个人都是一颗星。遗憾也正在这里，你没有意识到，自己就是一颗星。

　　何必去羡慕。他们走下舞台和你一样，也许没有你自由，甚至有比你更多的苦痛。

何必去崇拜。我们的生活五彩缤纷，没有他们不行，但只有他们更不行！他们的红颜不能永驻，他们的歌儿也不过在几天走红！

羡慕自己，崇拜自己吧！父精母血造就了你，要坚信"天生我才必有用"！是星，总要有自己的位置；是星，迟早要放出光亮。现在，也许你的光还很暗弱，但勤奋与劳动就是你无尽的热能！只要你在自己的岗位上发挥出自己的聪明才智，你就是一颗美丽的星！

■ 赏 析

"地上一个人，天上一颗星"，多美的说法！原本，在人世上，每个人都是一颗星，明亮于否全在于自己！

"父精母血造就了我们"，一些东西不是我们想改变就改变的。没有漂亮的脸庞和白皙的皮肤，没有高高的个子和苗条的身材，但每个人都有独立的大脑，有精致的心性，应学着接纳自己、肯定自己，只有自己才能决定自己这颗星释出怎样的华环！

"鞭留一条痕，掴留一掌印"，岁月将留给自己什么？不朽还是遗落，自己抉择！

■ 遗　憾

>> 柳　鄩

　　若人的一生没有一点遗憾，则此生如一盆没有加味精的菜，可吃但不鲜。若人的一生遗憾太多，则此生如一杯放糖过量的糖水，不甜却苦。

　　遗憾是希望如此，也可能如此，但终究没有如此时所产生的一种惋惜的心理。

　　遗憾是一种美，一种卓绝的、痛苦的美。

　　如果遗憾不是卓绝的美，为何维纳斯的断臂几千年来无人帮她接上？

　　如果遗憾不是痛苦的美，为什么有情人不得成眷属的悲剧催人泪下？

　　因为遗憾，激流勇退的山口百惠才能掀起经久不衰的崇拜热。

　　因为遗憾，才有仙女下凡配长工的动人传说。

　　当事人的遗憾是痛惜！

　　旁观者的遗憾只有惋惜！

　　若人的一生没有一点遗憾，则此生如一盆没有加味精的菜，可吃但不鲜。

　　若人的一生遗憾大多，则此生如一杯放糖过量的糖水，不甜却苦。

　　生活因为有遗憾，才如此迷人，又如此烦恼人。

生活正因为既恼人，又迷人，才这般令人想舍又爱，爱而难舍！

■ 赏 析

断臂的维纳斯，是一种卓绝美丽的遗憾；不得成眷属的爱情悲剧，是一种痛苦美的遗憾；这些于人来讲，体味过就会铭感永恒。遗憾的魅力！

人的一生如一盘下锅的菜，缺少刻骨的遗憾，菜可吃但不鲜；人的一生如一杯糖水，加入过多琐碎的遗憾，水不甜却苦。

但，追求遗憾毕竟是为了无憾。

■ 生活有时是道难题

>> 艾明波

　　我们在看山的时候，如果山不巍峨，便觉得这山没有山的性格，而宁愿去打量一块平地；我们在看海的时候，如果海无波澜，便认为这海没有海的骨气，而宁愿去欣赏一条小溪。

　　不知是自己浅薄，还是自己偏要难为自己，当我一迈进青春的大门并以青春的名义去解释面前的一切的时候，竟也蓦然生出许多惶惑与不安乐。不知你是否有如我一样的感觉：觉得自己的世界大的时候，大得无边无际；觉得自己的世界小的时候，连自己也容不进去；看别人忙忙碌碌以为是一种悲哀，而自己却也要去行色匆匆地走人匆忙的人群里；有时候很茫然，甚至看不到一条可以通向黎明的道路，有时也很得意，甚至可以忘掉自己身后那歪歪扭扭的可怜足迹。

　　也许，这就是无奈的青春，也许，这就是青春给予我们的独特的待遇。我们以善于感受的心去体味生活，而生活有时却是道难题。于是我们感到：既然生存就有生存的酸甜苦辣；既然行走，就必须征服阻力。"生活从来不肯掩饰自己，不管你愿意不愿意，自觉不自觉它都会使你陷进去、叫你认识它。叫你尝尝它的滋味"，或许是有了这种滋味，人们才以各自的方式去独自品尝其中的妙趣。

　　人生是一个奇数，正因为它有除不尽的地方，才有风流韵律。不是么，如果生活中没有矛盾，没有不合理的地方，那我们生存的意义何在？正是，我们面临苦难而又击败苦难，正是我们有过迷离却又摆脱迷离，我们的生命才能在这一过程中拔节，才能为我们人生的画图中添上精彩的一笔。

我们在看山的时候，如果山不巍峨，便觉得这山没有山的性格，而宁愿去打量一块平地；

我们在看海的时候，如果海无波澜，便认为这海没有海的骨气，而宁愿去欣赏一条小溪。

既然生命在困苦中才得以生出光彩，那我们为什么要薄苦难而厚安逸？

想成为风必须有迷人的色彩，想成为英雄必须有惊人的壮举，想让你的一生富有意义，那么必须以顽强和信念去解开一道道生活的难题。

你说呢？

■ 赏 析

"生活有时是道难题"，潜藏着生活是客观的并且是公平的，对任何生灵。正如作者所语："生活从来不掩饰自己，不管你愿不愿意，自觉不自觉都会使你陷进去。叫你认识它、叫你尝尝它的滋味"。

山不巍峨，山就没山的性格；海无波澜，海就没海的风骨；生命没有矛盾、没困苦，生命无以成生命。最有意义的生命是用属于人的顽强和信念解开一道道生活的难题，让生命在此过程中拔节，让思想在此过程中迁升。

不过，生活的难题可造就高大的躯体，也可衍生渺小的生命。

■ 偏　激

>> 汪国真

偏激是一种自以为成熟的不成熟，自以为清醒的不清醒，自以为明智的不明智。

无论在何种领域，偏激实际上都是在看似漂亮的口号下，为事业的发展和壮大帮倒忙。

偏激常是出于两种原因：一种是由于幼稚，一种是因为投机。幼稚导致把本来复杂的事物看简单了，投机则是想以偏激的方式突出自己从而捞到好处。由于在脱离客观实际这一点两者是一样的，因此偏激的人在实践中便都不能取胜。

古往今来，以投机心理而表现了偏激的人，其作为仿佛演戏。今天唱红脸，事情一旦起变化，立即演白脸。在顺境的时候，他们不乏慷慨激昂，一遭逢逆境，其首鼠两端之态便昭然若揭，不打自招。互相推诿，彼此落井下石是这些人的拿手好戏。

"天上地下，唯我独尊"。这话原是颂扬佛教教义的，却也总是偏激的人的自我感觉。

有真知卓见的人不会偏激，一般老百姓走不到偏激这一步，总是表现出偏激的人多是一些特别擅长于纸上谈兵、画饼充饥的人。

总是那么偏激的人常是孤独的，但这种孤独并不是像伽利略、居里夫妇或卢梭那种走在科学或思想前沿的孤独，而是一种自以为是，妄自尊大的愚蠢的孤独。

总好偏激的人多虚荣。他们无法靠真才实学引起人们的重视和注意，于是只有靠偏激和耸人听闻了。

总好偏激的人大都缺乏胸怀，他们缺乏那种大家平等的讨论问题的胸怀，一切对他们的观点和主张持怀疑和不同态度的人，都为他们所不容。这样的人一旦有权，百姓怕是不好过活了。

偏激是一种自以为成熟的不成熟，自以为清醒的不清醒，自以为明智的不明智。

我们无法赞同偏激，是因为我们无法赞同一种不成熟、不清醒、不明智的行为。

■ 赏 析

每个人都有自己的自我心像。只要我们轻手轻脚地绕到心灵地下室偷看几眼自己的习性和情绪，就会发现有多少可以留，有多少需要校正。

偏激属于一种情绪，属于一种自我心像。偏激导致的后果是"无论在何种领域，偏激实际上都是在看似漂亮的口号下，为事业的发展和壮大帮倒忙"。偏激的心像使人容易多变；让人自以为是、妄自尊大，令人多虚荣……

"偏激是一种自以为成熟的不成熟，自以为清醒的不清醒，自以为明智的不明智"。

察察自我心像，保留什么？校正什么？这又是一种高度。

■ 我不是我

>> 罗赛丹

窗外世界像磁石一样地吸引着我，人在教室里，我的心却早已飞向窗外了，可我仍要做出"清心寡欲"的样子。

我从小就爱画画，喜欢调朱弄粉，爷爷说这孩子粉气太重！爸爸说，这孩子爱搞雕虫小技，不像个女孩子。我喜欢幼儿园的小朋友，常常和他们合着拍子唱歌，拉着手跳舞，可爸爸骂我是个长不大的孩子。

于是我被爷爷"文攻"爸爸"武治"，赶进了争过"独木桥"的千军万马行列，成了威武之师中的一员。

我改变着自我。

窗外世界像磁石一样地吸引着我，人在教室里，我的心却早已飞向窗外了，可我仍要做出"清心寡欲"的样子。

我喜欢音乐，尤其是流行的迪斯科、摇滚乐。没有人的时候，我会把音量开得老大老大，尽情欣赏，可是在爸爸妈妈面前，我得永远捧着书，虽然一个字也看不进去。

尽管我知道分数不等于成绩，成绩不等于水平，但我还是要用并不能完全说明问题的分数去讨父母欢心。

我心里明知道"一粥一饭，当思来之不易；半丝半缕，恒念物力维艰"，但是我仍然把饭菜随处乱倒，因为我害怕同学们说我小器。

别看我穿得像灰色的小老鼠，可是我心里是七彩阳光。我喜欢穿颜色鲜艳的衣服，有几次穿了，别人在背后议论："嘿！太显眼了！""你管得着吗？"我在心里抗议着，表面装得毫不在乎，但以后我还是不敢穿了。

我内心像滔滔的扬子江，可表面像平静的西子湖。

虽然生活告诉我，"活得要洒脱，不要处处看人脸色；活得要有自己的性格，美是自然，绝不是做作。"但是我做不到。

我不是我，我不能是我，一旦我是我，我便不是女孩子，不是好学生，于是，也就失去了母爱、父爱……哎！我呀……

■ 赏 析

心迹的倾吐，苦痛的挣扎，如泣如诉，亦诗亦文。作者把积攒在心头的苦痛抖落出来，她在呼唤，在渴盼"七彩阳光"的照耀。但她显得多么无助，来自于社会和家庭的无形的大手撕碎了她的梦幻。"我不是我"，"我"到底是谁呢？

作者受旧的教育体制、旧的传统观念的制约，个性的泯灭，心迹的晦暗，这一切的一切，难道还没有触动我们的教育体制？还没有触动来自于社会和家庭的迂腐观念吗？

■ 上帝的眼睛

>> 郭谨芳

世界是无所谓上帝的，所谓"上帝"其实便是我们自己，而上帝的眼睛便是我们的良知和信念。我们的一举一动上帝都会看在眼里的，上帝的眼睛让我们穿透现实的自私、冷漠和怯懦，固守灵魂深处的那份理解、宽容和坚强；努力而诚恳地工作，正直而清白地做人，留一份坦荡的心境、永远问心无愧地生活，无论对事，还是对人。

小的时候，我的家境很不富裕，加之我又很馋，这使一切好吃的东西对我充满了诱惑。

一次邻居送来一块年糕，祖母照旧分成两份，我和姐姐各一份，我狼吞虎咽地吃完自己的那块时，姐姐还未回来，这时家里只有我一个人看着灶台上的年糕，我终究经不住诱惑试着吃掉一小块，当一大块年糕被我如此一点点消受光时，我才感到事情的严重性；祖母终于回来了，我不敢抬头看她，一口咬定年糕不是我吃的，祖母不嗔不怒，对我说："我们的一举一动，上帝都会看在眼里的，如果你撒了谎，晚上上帝会在你鼻子上抹黑的。"我吓坏了，夜里关好了所有的门窗，凭着我那时的知识，以为"上帝"一定是个很高很大无所不能的人。早晨醒来，祖母已在灶房做饭了，想起昨晚祖母的话，我摸着鼻子到镜子里一照，鼻子上果然有拇指大小一块黑，我吓得大哭起来，在祖母面前承认了我的错误，并且发誓以后不再撒谎。

读的书多了，渐已明白，世界是无所谓上帝的，所谓"上帝"其实便是我们自已，而上帝的眼睛便是我们的良知和信念。

随着我的长大和成熟，童年的记忆差不多都淹没在岁月的风尘中，惟有这段经历刻骨铭心。

记得在《简·爱》中，小简爱对把她关在红屋子里对她倍加折磨的里德太太大声喊出："你的所作所为，死去的里德叔叔都会在上帝那里看得清清楚楚的。"里德太太顿时被吓得手足无措，其实，里德太太又何尝不知道"神灵妄说"的道理呢，只是良知在反省中所生出的恐惧罢了。

我们的一举一动上帝都会看在眼里的，上帝的眼睛让我们穿透现实的自私、冷漠和怯懦，固守灵魂深处的那份理解、宽容和坚强；努力而诚恳地工作，正直而清白地做人，留一份坦荡的心境、永远问心无愧地生活，无论对事，还是对人。

■ 赏析

孔老夫子云："君子坦荡荡，小人常戚戚"。这话拿到现在，也不失为一面很好的镜子，照照自己，看看有没有"自私、冷漠和怯懦"，看看有没有卑劣、委琐的地方。

活在世上，就得活出个模样，就得"固守灵魂深处的那份理解、宽容和坚强"。这样才能活得有滋有味儿，才能"问心无愧"。

常听人说："你的良心叫狗吃了。"谁都知道，狗是没那个能耐的，丢掉自己"良知和信念"的，其实还是你自己。

要是连良心都敢随意丢弃，活在世上还有什么意义呢？

■ 镜　子

>> 连　晨

我们太习惯于在失败面前寻找"客观原因"了，我们也太习惯于在失误面前为自己开脱了。一个肩上负有责任的人，出了天大的责任事故，别说引咎自杀，辞职谢罪的也少有。

有两件事，我认为可以作为我们生活中的镜子，其中一件是老外干的，另一件也是老外干的。我把它们分述如下。

第一件事：武汉市鄱阳街有一座建于 1917 年的 6 层楼房，该楼的设计者是英国的一家建筑设计事务所。20 世纪末，也即那座叫做"景明大楼"的楼宇在漫漫岁月中度过了 80 个春秋后的某一天，它的设计者远隔万里，给这一大楼的业主寄来一份函件。函件告知：景明大楼为本事务所在 1917 年所设计，设计年限为 80 年，现已超期服役，敬请业主注意。

真是闻所未闻！80 年前盖的楼房，不要说设计者，连当年施工的人，也不会有一个在世了吧？然而，至今竟然还有人为它的安危操心！操这份心的，竟然是它最初的设计者，一个异国的建筑设计事务所！是怎样的一种因素（体制！岗位责任制？还是一种文化传统、一种日常的共同遵守的生活准则？）使一个人、一群人、一个在时空中更新换代了数茬人的机构，虽经近一个世纪的变迁，仍然守着一份责任、一个承诺？面对咱自己的豆腐渣工程，我一时竟不知该说些什么。

第二件事：在东北地区滨州铁路穿越小兴安岭那条最长的隧道的山顶，有一座方方的石碑，那里长眠着一位异国的工程师。这位工程师曾负责这条隧道的设计。当工程进度由于意外没有按照预定时间打通时，这位工程师开枪自杀了！她以自杀来抵补自己的失职和耻辱。

这种自责方式对我们来说也许太陌生了。我们太习惯于在失败面前寻找"客观原因"了，我们也太习惯于在失误面前为自己开脱了。一个肩上负有责任的人，出了天大的责任事故，别说引咎自杀，辞职谢罪的也少有。一位异国女工程师喷洒着鲜血的自责行为，让我异常分明地看到了我们灵魂中的暗点。

以上两个故事，将是我后半生永不丢弃的镜子，既照我的言行，也照我的内心，我愿意把这两面镜子送给所有有自省精神的人。

■ 赏 析

"守着一份责任，一份承诺"。从这两则故事中，你是否"看到了我们灵魂中的暗点"？

不管是"责任"、"承诺"，或者是"体制"、"铁的纪律"我想，我们首先应该坚守的是我们的良心。我们该不该时常问一问自己：我尽到我的责任了吗？我对得起我做人的最起码的良心了吗？

只要你还有一颗时常"反省"的心，你就不会成为一个完全颓废的人。

■ 人生小酌

>> 刘　墉

受挫一次，对生活的理解加深一层；失误一次，对人生的醒悟增添一阶；不幸一次，对世间的认识成熟一级；磨难一次，对成功的内涵透彻一遍。

自己把自己说服了，是一种理智的胜利；自己被自己感动了，是一种心灵的升华；自己把自己征服了，是一种人生的成熟。

大凡说服了、感动了、征服了自己的人，就有力量征服一切挫折、痛苦和不幸。

受挫一次，对生活的理解加深一层；失误一次，对人生的醒悟增添一阶；不幸一次，对世间的认识成熟一级；磨难一次，对成功的内涵透彻一遍。从这个意义上来说：要想获得成功和幸福，要想过得快乐和欢欣，首先要把失败、不幸、挫折和痛苦读懂。

有人把自己看做是生活的主角；有人把自己看做是生活的配角；有人把自己看做是生活的观众；而不屈服命运的强者，却把自己看做是生活的编导。

智者的智慧往往在于，他最善于通过生活中的很多能照出自己真实的一切表象的镜子来剖析自己、调整自己、完美自己。例如，知己、爱人、孩子、同事、自己的昨天，都是自己的一面镜子。因为，从这几面镜子中，就可以看到另一个自我，从而去剖析，去自省，去雕塑，去改造，去完善一个崭新的自我。

　　只有一种死，永远也不代表毁灭，那就是：自落的花，成熟的果，发芽的种，脱壳的笋，落地的叶……由此可以坚信：英雄的美德在于面对死亡而永远没有失败。

■ 赏 析

　　如何才能获取人生的美丽？那就是首先学会"征服自己"。

　　因为，"征服自己"，才能"征服一切挫折、痛苦和不幸"，才能认清自己的面目，并重塑自己的形象。所以，生活的甘美往往来源于"征服自己"之后，来源于改造之后的"崭新的自我"。

　　把自己打翻在地，再重新站起，这是一个过程——洞悉生命真谛的一个过程。

　　敢于毁灭懦弱的自我，让孤寂、庸俗的念头通通死去，唯有这种死亡才能使精神的自我永存！

■ "单位"

>> 袁世群

一连串的调查如一堆堆难以理清的线团，密密地缠绕在我心上，好一阵子，周围同龄人的欢声笑语仿佛游丝一般，飘忽不定，时隐时现，恍恍惚惚间竟如坠入迷雾，不知自己身在何处，要不是有同龄人向我借笔，我还真不知自己身在何处了呢。

报到，缴费，注册，这是新学期的第一天的惯例。02级1班的教室，早已挤满了我的同龄人，他们和我一样，将在这里渡过三年的学习生活。这里是本市最有盛名的省重点中学，有人说跨进了这学校的大门就等于跨进了大学的大门。这是一种骄傲呵，看着同龄人飞扬的神采，如歌的欢声，轻快的笑语，我也不禁为自己能跻身于这里而感到无比的欣慰。

越过黑压压的人头，从班主任那里接过一张纸来填写。这是一张学生情况调查表。像往常考试答卷那样，我迅速地拿起笔，首先很工整而又无不自豪地写上自己的姓名。可是，抬头看着身旁的几位同学的时候，不经意间正好见其中的一位在一空格处写着"某某局长"的职务，他这是在填写父母工作"单位"及其职务。他这时也刚好回过头来看我，是那么的自得和自傲，微噘的嘴唇边似乎带着一抹满足，一种荣耀，一份嘲笑。我的脸不由得红了起来，先前所有的兴奋和激动顿时烟消云散，竟莫名其妙低下头来，想起拿着录取通知书出门时的情形来——

"嘿嘿！"父亲乐呵呵地用他那双看惯了麦苗的眼睛看着我，"这下子好了，我闺女以后的'单位'有望头了，像她二姑那样。嘿——嘿——"在父亲眼里，二姑读书后进城了，有工作单位呢，她向来是我们家最有出息的。可父亲的声音泥土的气味太浓了，有点呛人！当时的我很不以为然地笑了笑。

呵，"单位"！我的心里装满了石头，沉沉地压着我直不起身来。这是一份要求我们填写的学生情况调查表，更是一份关于学生家长的情况调查表呵！

"家长姓名"、"家长工作单位及其职务"、"家庭电话号码"……一连串的调查如一堆堆难以理清的线团，密密地缠绕在我心上，好一阵子，周围同龄人的欢声笑语仿佛游丝一般，飘忽不定，时隐时现，恍恍惚惚间竟如坠入迷雾，不知自己身在何处，要不是有同龄人向我借笔，我还真不知自己身在何处了呢。

而手中的笔仿佛滞了墨水一般，久久也不能在纸上显露出它留下的痕迹，我该如何填写这一份属于我的情况调查表呢——自己的父母整日里面朝黄土背朝天，种了一辈子的庄稼，走到哪里哪里就是泥土，哪里就是麦苗，他们这一辈子就没走出过村里的大山，一辈子也没有看到过大山以外的世界，从何而谈起"工作单位"?！又从何而来"单位电话号码"呢?！

……

"父亲！"我几乎激动得要喊出声来，父亲那双看惯了麦苗的眼睛正看着我呢，我就是父亲田地里的将要成熟的麦苗呵！

我默默地捏紧着自己手中的笔。再一次不由地想起出门时父亲说起二姑时的神情，回味着父亲朴素如泥的话语。

"单位——哦——"握着手中的调查表，我下意识地长长地作了个深呼吸，然后轻轻地舒了一口气。

■ 赏 析

一张学生情况调查表而带来的尴尬，引发出作者对其调查中要求填写的"父母工作单位"的所思所感所想，最终使之有所悟而"长长地作了一个深呼吸，轻轻地舒了一口气"。生活时有尴尬，关键是我们该如何面对尴尬，正视尴尬，最后走出尴尬。这是本文作者给我们的思考，也是作者挖掘生活的"真"的成功之处。

■ 白天不懂夜的黑

>> 孙 欣

　　有的人拥有太多的希望，总踮着脚摘他永远摘不到的金苹果；有的人拥有太少的希望，不愿意伸出手去采就在路旁篱笆上盛开的玫瑰。

　　每个人都在一天天地走过生命，身后留下一串思索的脚印。白天思索，夜里也思索。可是我仍然不懂许多事情，就像白天不懂夜的黑。我写下我的迷茫，希望聪明人能告诉我答案。

　　我不懂为什么一些人对另一些人怀着无法化解的刻骨仇恨，非要斩尽杀绝而后快，只是因为那些人的肤色、血统与他们不同。我不懂这些东西会怎样地影响人的优秀程度，是不是"优秀"的人往往缺少良知和同情，慈悲和怜悯。

　　我不懂为什么曾经犯过的错误早已昭然于天下之后还要拼命遮掩，为丑恶的面孔刷上什么也不能粉饰的光辉；为什么不惜得罪一切被伤害过的人也要维护面子的光彩。难道犯错误的人不知道，在别人心里，他们早就没有了"面子"，只剩赤裸裸的虚伪和卑劣。相反，那些勇敢地惩罚自己的人却赢得了宽容。

　　我不懂为什么原本善良无私的人一旦拥有了他无法想象的金钱和权力，就会换一个令人作呕的灵魂。是不是金钱和权力都是一种神秘的反物质，得到越多，就越容易使人忘记脚下的土地、肩头的责任、胸口的良心。不过也许后来的灵魂才是他的真实面目。经得住烈火烧炼的道德，才是真正的道德。

我不懂为什么有些人如此珍惜自己，永远不肯付出任何一点无代价的帮助。可能他们不知道，在这个世界上，每个人都在为许多别的人——无论是认识的还是不认识的，日夜付出而并不计较代价；许多别的人——无论是认识的还是不认识的，也在为自己日夜付出而并不计较代价。他们也许没有见过母亲操劳的背影，没有听过师长谆谆的教导，没有读过多年前无数人为人类的爱和正义献身的故事。

我不懂为什么有的人永远不肯原谅得罪过他的人，是不是受的伤害太深。可是自尊的伤口总会愈合，尤其是在有了道歉这种灵药之后。难道孤独比关心有一种特殊的魅力，所以他固执地躲在冷漠后面品味一个人的寂寞世界。

我不懂为什么希望之神有如此强烈的好恶，致使有的人拥有太多的希望，总踮着脚摘他永远摘不到的金苹果；有的人拥有太少的希望，不愿意伸出手去采就在路旁篱笆上盛开的玫瑰。

我不懂为什么每个人都高喊不被理解，但谁也不愿花一点时间去理解别人。站在别人的角度想一想可能很难，否则理解就不会像大多数人说的那样宝贵了。

我不懂为什么相貌不美的人——尤其是女子，常会招致莫名其妙的讥讽和嘲骂，人类道德的法典上是否有"丑陋"这一不可饶恕的罪名。也许这样的嬉笑怒骂是一种消磨时间的好办法，也许笑骂的人并非是要发起对被笑骂者的恶毒攻击，只是随口说说而已。可是对无辜者自尊的伤害又该怎么计算呢？

我不懂的事还有很多，聪明的人，请告诉我吧。

■ 赏 析

人生犹如一只五味瓶，酸甜苦辣咸样样俱全。如缺少一样，就不是一个健全的人生。

人如何正确对待同类，人如何正确对待自己，人如何正确对待自己手中的权力，人如何正确对待自己不被理解，……这些都需要在人生征途上逐个回答。而要正确回答这些问题，一要真诚，拿出真诚；二要善良，付出爱心；三要纯美，打开朴实宽广的胸怀。这就是所说的真善美吧！

这是一篇探讨人性的散文。作者对生活的理解较深，有较为宽广的知识面。可以看出这是一位勤于思考，苦苦探索人生真谛的作者。文字一针见血，有较强的哲理性。通篇用了排比句，句式整齐，很有气势。理想与现实的冲突使作者感到迷惑矛盾，然而正是这矛盾让他明白了真正的真、善、美是什么。

■ 我没有……

>> 顾　雯

如果每一个人在他青少年时期都经历一段瞎子与聋子的生活，将是非常有意义的事。黑暗将使他更加珍惜光明，寂静将使他热爱声音。

"上帝不公平！"愤世者怨恨。

"老天！我为什么只有这些？"不幸的人哀怜。

——只有乞丐伸出一只手："我只要几片面包和一杯啤酒。"

旁观者默默。

智者在沉思……

"我没有……我要……"

诸如此类，并非绝无仅有。多少只眼睛小心翼翼地窥探着源源的天外财富。

上帝没有预料到。他也看到了他曾经没有想象到的……

"我没有……！"悲观者又在那个角落叹息。

"我没有天生的丽质，又没有优雅潇洒的气质，所以，当演员无望；我没有雄健的体魄、柔美的线条，所以，与金牌无缘。我没有政治家的风范，又缺乏金融家的大脑；我没有科学家的神悟，亦没有作家的敏感……我没有！一切都没有——可能……"

可怜的怨天尤人！踌躇、萎缩……一切都失去可能。渐而，他垂下头，阴霾蒙住了双眼，一心只渴羡旁人的光辉，终于再也听不见公正的评价："你有……""我没有……"

其实并非真的一无所有，只有——"如同有一座围城的墙，城内的人一心要出去，城外的人一心要进来。——无论事业、婚姻、家庭生活，都是如此!"钱钟书先生的话道破其中原因。

"赤条条来去无牵挂。"可惜，活得如此超然、坦荡的人毕竟不多。可是，更多的人宁愿背起人生沉重的行囊，继续他们的艰难跋涉……

没有人愿意骄傲地说："我有!"哪怕就说："我有一双明亮的眼睛，一对敏锐的耳朵，一条喊得响的嗓子……"——是的，生活也许理所当然。对于身具的优秀才资，熟视无睹，漠然置之。忘了，就凭着一双眼眸、两只巧手，同样可以创造……

然而她，真的连这些都没有。海伦·凯勒——一个只能用"奇迹"形容的字。盲、聋、哑残酷地集于一身!

"为什么我没有?!"原来她有理由愤怒地质问……可是她喊不出一字。

她只能写："我经常考查那些有视力的人，问他们看到了什么。最后我问一位刚从森林散步回来的朋友。问她看见了什么。她回答道:'没有什么特别的东西……'如果不是我习惯了这样的回答，我一定会感到非常奇怪……"

心不在焉的人!对自身所有官能和意识的使用恐怕也近乎冷漠。"紧闭明亮的双眼，抱怨世间的平淡;捂着耳朵哀叹在无聊的寂静!"

"想到你明天有可能变成瞎子，你会好好用你的眼睛;如果明天将听不见任何声音，你就会……"警告!

"我曾经这样想，如果每一个人在他青少年时期都经历一段瞎子与聋子的生活，将是非常有意义的事。黑暗将使他更加珍惜光明，寂静将使他热爱声音。"

上帝的天平震颤了……如何能将所有平等地分给?

强者坚毅不息地抗争……豁达者用微笑面对……

然而，无声的怨恨仍在继续。有人留下遗恨，结束了"不幸"的生命历程；有人带着愤然，走进风烛残年；还有那哀怨的呐喊："我没有……"

不错。聋子更懂得听力的价值，瞎子更体会得到欣赏事物的乐趣。

法国著名文豪大仲马曾经说："人哪！一切动物中最自负和自卑的动物呀！他相信地球只为他一人而转。太阳只为他一人而照耀，而死神，也只打击他一个人——等于一只蚂蚁站在一片草尖上，诅骂上帝！"

"我没有……"仍然是哀怨、可怜、激愤……

没有？财富，需要多少才够挥霍？才资，拥有多少才算有价值？……

终于有一天，深邃的苍穹传来一声怒喝："你，究竟想要得到什么?! ……"

"……"

"我究竟有没有……"——一句该认认真真问一问自己的话。脚下并不是贫瘠的土地……

古老的拉丁格言说：人所固有的我无不具有。无可避免人性的缺憾，但人类本身具有许多优秀的才资和品质，岂能无休止地抱怨一无所有……

■ 赏 析

随着经济的发展，一些人贪欲膨胀，他们怨天尤人，总觉自己什么也没有或拥有很少。这种人可称得"不幸者""悲观者"。

"我没有天生的丽质","我没有健壮的体魄","我没有政治家的风范","我没有科学家的神悟","我没有作家的敏感""我没有所有一切……",其实这些人无不具有,只是他们没有一个平常心罢了。

"赤条条来去无牵挂"。只要活得超然、坦然,你什么都会有的,面包会有的,牛奶也会有的。

这篇散文立意深刻新颖,有现实意义。文章针对这一现实提出人应自我解救,丢掉贪欲,珍惜所拥有的去努力争取。本散文很有文采。语言洒脱、优美。大量使用整齐的排比句式来增强语势和感情。文章构思巧妙,用"我没有……"这一主要句式将众多材料连缀起来,一气呵成。文中旁征博引,古今中外人物史实,信手拈来却运用恰当,自然,很好的为中心服务。

■ 无　题

>> 白　翎

往事不堪回首，真正的快乐已经很遥远。我站在过去与未来之间，站在梦想与现实之间，站在颓废与奋进之间。每一个明天都是新的，可我的明天将如何度过？又怎样才能重新坚定起来？

家里很阴冷。吃了一堆东西喝了一大杯热水以后，才感觉暖和了些。

"该看书了。"心里想着。可刚看半个字，便哈欠连天，头脑发困。

没有任何思想斗争，"咚"的一声便趴下了。一觉醒来，桌上多了一片水汽；头脑着实清醒了许多，然而手，又冰冷冰冷。

"一定得看书了。"心里想着。谁知那倒霉的脑袋又一个劲儿地发晕起来，"准是睡觉冻的"，"可千万别感冒啊！"心里默默念着，向着对面的大楼祈祷。

"这下不看书不行了！"心里想着。终于，手麻木地在书上动了两下，便停住了。眼睛不由自主地向外望去，街上行人依旧，带着灿烂的笑容；孩子们手中的气球一个比一个漂亮；马路上的车辆来往穿梭，时而会有一阵"嘀嘀"之声传来；烤肉串的香味"芳香四溢"；商店门口的音响唱着什么："You are not alone……""哦！多想出去逛逛啊！"这句老话也不知重复了多少遍。有一段时间自己甚至觉得最大的愿望就是将来能够到大街上痛痛快快地流浪整个一下午！不过如今对此已毫无兴趣。

再望望窗对面，除了那幢大楼，一切都和小时候一样，一样一样。

天可真冷啊！快到三月份了吧！该春天了，哦！然后就是夏天了！夏天？夏天不久，不又要到冬天了吗？太没趣了！活了十几年，年年都是相同的四季，周而复始，一样一样。

可生活再平淡，只要活着，却都得硬着头皮过下去，就算有了辉煌，最终仍得消亡。人生多么无奈！

"不能胡思乱想了，看书！"我咬牙切齿。"熬吧，熬到七月就好了。"这已是不止一次给自己打气了，然而大部分是徒劳。

往事不堪回首，真正的快乐已经很遥远。我站在过去与未来之间，站在梦想与现实之间，站在颓废与奋进之间。

每一个明天都是新的，可我的明天将如何度过？又怎样才能重新坚定起来？

天黑了，天空没有星星。

"得吃饭了，晚上一定要用心了。"我这样想着。

自己已没有退路——我明白。

■ 赏　析

一群站在过去与未来之间，站在梦想与现实之间，站在颓废与奋进之间的青年学生，他们是天下最累的人，最痛苦的人，最无奈的人，也是最可怜的人。每年七月，千军万马过独木桥的高考，真正苦煞了这群青年学生。

好在素质教育，高考制度的改革的春风已拂面而来，青年学生脱离苦海的日子不会太遥远。应该为他们高兴，也为他们祝福，尽快的苦尽甜来吧！

全文没有故事，只是作者矛盾心情的自然流露，文章中无一句"太累了"，"提倡素质教育"的口号和表白，但却无处不浸透着中学生的紧张况味，特别是那些有代表性的内心独白。作者以"无题"命名，恰恰说明有时这种复杂焦虑的心情是无法言表的，比"有题"更能涵盖文章的主题思想。简短的文字却蕴藏着深刻的主题，实在是构思巧妙之作。

■ 我心中的一个小秘密

>> 蔡 继

　　生为血肉之躯的我，自然也在记忆中有在属于我一个人的天地里才能默默回味的带给我苦涩或是愉悦的秘密，又是一个月明星稀的夜晚，我走进自己的房间，把一切凡俗琐事关在门外，静静地躺在床上，在孤寂中追忆那刚刚拥有而又深深埋在心底的小秘密——我的一个梦。

　　曾记得某位哲人说过："人是隐私动物。"对此，我深信无疑。提起隐私，人们往往有一种错觉，认为那一定是见不得人的龌龊之事。其实不然，隐私只是不愿公开的个人私事，换言之，就是只属于个人的秘密。

　　生为血肉之躯的我，自然也在记忆中有在属于我一个人的天地里才能默默回味的带给我苦涩或是愉悦的秘密，又是一个月明星稀的夜晚，我走进自己的房间，把一切凡俗琐事关在门外，静静地躺在床上，在孤寂中追忆那刚刚拥有而又深深埋在心底的小秘密——我的一个梦。

　　真荒唐，那天，我居然梦到我死了！

　　依稀记得，我好像是躺在一张宽大而干净的床上，床的四周缀满了玫瑰和金百合——绝不像我的床，堆满课本、杂志，胡乱叠着被子，甚至还能找到几双没洗的袜子。

　　爸爸和妈妈呆立在床前，眼里没有泪水，只是痴痴地望着我。

我蓦地发觉，父母好像老了许多，他们的双鬓已经出现了缕缕银丝。我想哭，我第一次发现原来他们是那么深切地爱着我；而我却经常以"无法沟通"为借口，无缘无故地和他们吵架，然后带着得胜者的满足，"砰"地关上门，昂首走进自己的房间，把他们丢进痛苦和寂寞中。我真想喊："爸爸，妈妈，我也爱你们！"可是我哭不出，也喊不出，因为我已经死了！我从他们眼里清晰地读出一个大写的"爱"字。此刻，我明白了他们是那样地需要我，我也是那样地需要他们。如果还有第二次生命，我一定会做一个孝子。

不知怎么的，呆立在床前的父母消失了，我也突然幻化为一股流动的风，轻轻地飘离那缀满鲜花的床，飘离那熟悉的家，又沿着一条熟悉的道路，飞到另一个熟悉的地方——我的学校。我轻轻地飘落在教室外的窗台上，透过窗子向里面张望；老师正在神情专注地讲着课，同学们正在埋头记着笔记。我的位置是空的，桌面摆着我的水杯，椅子上放着同桌的书包——他们一定以为我今天病了，才没来上学，可是我已经死了！我再也不能和同学们同在一间教室里学习，在一个操场上打球，在一起争论一道数学题了。我多么盼望他们能抬起头来，看一看孤立在窗外的我啊！可是，没有人，没有人抬头看一眼窗外。我感到一种沉重的失落感。平时，我总把到校上课当成一种苦行；而今，我意识到，上学原来是一件多么神圣、多么恬静、多么快乐的事！要是我还有第二次生命，一定要做一个好学生——当时我想。

后来，我醒了，依旧躺在那张堆满杂志、课本、床栏杆上还挂着几只袜子的熟悉的床上。时针指到7点半，我穿好衣裳，抓起书包，匆匆忙忙上学去了——毕竟那时我还无暇顾及这个梦。再后来，就是我孤独地躺在床上，搜寻着记忆的碎片，补缀着这个梦。

良久，我突然起身，奔到父母房里，为双亲各奉上一杯香茗，用一种似乎从未用过的深情语气向他们说道："爸爸，妈妈，你们辛苦了！"然后，默默地退了出来，把他们惊异的目光挡在门里。我蓦地有一种解脱了重负的感觉，觉得明天也许会是一个崭新的模样。我想，也许我将珍藏这个"梦"——把这个"小秘密"埋藏在内心深处，并且时常去"翻阅"它，让它在我的记忆中永恒。

■ 赏 析

"死"这个冷冰冰、阴森森的字眼，和中学生的生活联系在一起，看来是不可思议的，但读完文章你会发现，这是一篇给人希望、催人奋进的文章；表现亲情，不落俗套的文章。文章用荒诞的手法表现了一个严肃主题，"我"在梦中死去，"我"的思想却得到了升华："我"发现了父母对自己深沉的爱，"我"要为自己塑造一个崭新的形象，来回报他们。另外，文章首尾呼应，以"小秘密"始，以"小秘密"结束，强化了主题。

■ 打完仗，我鼻青脸肿回到家

>> 余双元

在人世间的沉浮冷暖中，认识一个没有沾染功利的满怀爱心的人，真好……

当我鼻青脸肿，披着被撕破的衣服回到家的时候，刚才那种胜利者的喜悦、"战场"上的英雄气概不禁跑得无影无踪，身上的伤口也忽然变得火辣辣地疼。唉，暴风雨又要来临了。果然，正在吃晚饭的全家被我这副"尊容"惊呆了，空气仿佛凝固了一般。紧接着，姐姐冲过来指着我的鼻子吼道："哼，又打架了，你到底要惹出什么事才罢手？照这样下去，你迟早得进监狱……"哥哥气得扔下饭碗跳起来，抡起拳头就想给我几下。我对他们却毫不理会，怕什么？大不了再挨一顿揍。

忽然，爸爸喝住了哥哥和姐姐，向我问道："怎么回事？"我仰起脸来向爸爸望去，爸爸的脸没有像平时生气时那样变得铁青，而是显得那样的苍白，嘴角痛苦地抽搐着，眼睛也露出痛苦的神色，我再也不敢看了，连忙低下头准备挨训。然而爸爸却出乎意料地向我说道："去洗一洗，上点药，你也不小了，该说的都说过了，回屋去好好想一想，这样做对不对？！"

接着是一阵难言的沉默。

我跑回屋里，一头扑到床上，脑子里空荡荡的，不知过了多久，我的房门被推开了，妈妈端着一碗饭走了进来，安慰着我："起来吃点东西上点药，明天一定要向人家赔个情道个歉，如果把人家打伤了，一定要送人家去医院检查，千万不要再跟人家打架了。你爸爸身体不好，你可别把他气病了……"妈妈说完走了出去。我再也忍不住了，眼泪默默地流了出来，把枕巾打湿了一大片，那刚刚还打算为我打架而辩护的理由，现在却变成了一条条谴责自己的皮鞭，劈头盖脸地向我抽来。为了小小的一件琐事，为了逞一时的威风，为了一句毫无意义的错话，而把别人打得头破血流，自己弄得鼻青脸肿，使全家提心吊胆，不得安宁，尤其是父母亲都日趋衰老的面容又因此增添了许多忧愁……这些值得吗？

我悄悄地爬了起来，拧亮了台灯，在桌上一笔一划地写道："爸爸、妈妈，我错了，你们能原谅我吗？今后，我决不再打架了。不信，请看明天那个崭新的我吧！"

■ 赏 析

"好雨知时节，当春乃发生。随风潜入夜，润物细无声。"万物在春风化雨的"细无声"中成长、成熟，对一个人的成长、成熟不也是如此吗？古人的"棒头出孝子"的教育方式赶快扔到垃圾堆中去吧！作为孩子的老师、家长，只要拿出爱心，付出真情，方法得当，给孩子以自尊、自信，会"精诚所至，金石为开"的。

这篇文章写的是一个高中生打完架鼻青脸肿怀着胜利的喜悦回到家后，受到哥哥姐姐的训斥，爸爸妈妈的教育，最后悔过的事。

取材平常：高中生打架的事时常发生；打架后挨训甚至挨打也司空见惯；打完架不管有理无理要辩护一番也是常情。立意较深：爸爸的教育方法改变了，爸爸妈妈的话语实际上是一种正确的思想教育，因而"我"哭湿了枕巾，认识了错误。

遍体鳞伤

生命之树也有落叶

>> 李含冰

人生，是要走过四季的。当秋寒袭来的时候，树木自知无法抗争，便抖落了叶片，用一身硬骨迎击风霜。那是一种暂时的退却，是一种承受，是一种力的积蓄，一种耐心的等待，一种更有希望的选择，而绝不是最后的结局。一旦时机成熟，便迅速萌发新叶，用全力拥抱春色。

十月里的一个水凉草苦的日子，朋友邀我到一家酒吧小聚。几杯啤酒下肚，他的脸开始泛红。望着窗外秋风扫落叶的萧萧景色，他不胜感慨："每年的今天我都要用一个特定的方式纪念一下，因为十年前的这一天，也是我的生命之树开始有落叶的日子。"

十年前，他刚走出大学的校门，刚走进社会。他雄心勃勃，壮志凌云，匆匆"下海"，希望自己在一夜之间成为富翁。然而，事与愿违，不但"富翁"没做成，而且还负了一身债，连海誓山盟的女友也与他挥手分途。

那些日子，他感到秋凉刺骨，生命之树已没有了绿叶。他趴到铁轨上，想化作蓝天上飘浮的白云，从此无忧无虑。然而，远处传来火车的汽笛长鸣，还有隆隆滚动的生命节奏。他忽然听到了生命的热切呼唤——生命之树有了落叶，还会重新萌发。人生本不该这样脆弱，不该这样经不起霜打。他迅速爬起来，重又扑入"大海"的怀抱，他终于获得成功，成为全城闻名的人物。

人生，是要走过四季的。

当秋寒袭来的时候，树木自知无法抗争，便抖落了叶片，用一身硬骨迎击风霜。那是一种暂时的退却，是一种承受，是一种力的积蓄，一种耐心的等待，一种更有希望的选择，而绝不是最后的结局。一旦时机成熟，便迅速萌发新叶，用全力拥抱春色。于是，生命之树充满了绿意。

一位著名的企业家到一所大学作报告，有的大学生向他询问事业有成的"秘诀"。他说：我没有成功的"秘诀"，只有战胜失败的感受。失败一次不等于一生都失败，但往往在多次失败之后才可能拥有一次成功。每战胜一次失败，就与成功更近了一步……

当一个人的生命之树有了落叶时，要告诫自己：失去的只是昨日，绿意已不再遥远。失意时不必凄凄然自轻自弃；得意时也不必做做然目空一切。有生有落，有枯有荣，这是人生的一个规律。

善于承受沉重，就像善于接受成功一样，都是生命的最佳支点。

■ 赏 析

如何对待人生中的失败？如何对待人生之树的落叶？积蓄、选择、等待、战胜自己，萌生新叶。这就是答案和秘诀。

"当一个人的生命之树有了落叶时，要告诫自己；失去的只是昨日，绿意已不再遥远。"

失败之后要有自信，而自信就能战胜失败。面对失败或失意，我们谨记"有生有落，有枯有荣"这一人生的自然规律。而只有遵循自然规律行事的人，才会受到她的青睐。

■ 让我们说一些心事

>> 王贵刚

让我们说一些心事吧，你会感觉沟通的酣畅。生活总有坎坷曲折，不要让那些美丽或忧伤的情结久久滞留心底，见到阳光，它会转换成你脚步起落的力量。

不知从何时起，你不再诉说心事。也许以为自己成熟了，你将真情敛翼不屑教她裸露应有的美丽。于是，你甘愿让习俗的客套扼住真诚的心音；让哈哈一笑的冷淡寒暄替代春天般的赤热。也许曾被人伤过心，于是，你感到孤独时也只跟往事干杯。而我真切地感到你心灵潮汐的汹涌与呼吸的沉重。

为什么是这样，难道你不相信真情是人生的太阳？

让我们说一些心事吧，你会感觉沟通的酣畅。生活总有坎坷曲折，不要让那些美丽或忧伤的情结久久滞留心底，见到阳光，它会转换成你脚步起落的力量。

让我们说一些心事，你会获得彼此接纳的融洽。生命不会天天都是过年过节的日子，不必在意那一点丑陋的阴影。

让我们说一些心事，说幽闭已久的笑颜，说苦守多时的泪滴；交换青涩的感触，交换熟透的思念。你突然醒悟，我们原来是这么相近，生命依旧光华灿烂。

说一些心事给你，你的倾听给我平凡的生命注入绿色的信心与红红的爱意。说一些心事给我，我倾听期望释解你布满炎凉的惘然心境。相信真情不泯。让我们拥有彼此真心的面孔。

■ 赏 析

自然中，有阴雨，有晴空，生命里，有幼稚，有成熟，征途上，有失败，有成功。

在"比树叶还稠"的日子里，积累起多少心事。一个个相加，终至呼吸的沉重。但是我们不能"让习俗的客套扼住真诚的心音"，不能让"冷淡寒暄替代春天般的赤诚"。

朋友，请相信，天空还有太阳，人间还有真情。把你的心事说出来吧，让忧伤的情结暴露在光天化日之下，让幽闭已久的笑颜涌上彼此的面孔。

■ 千万别长大

>> 秋　果

我们这个年龄，节日是彩色的，梦是甜甜的，笑是开心的，哭是认真的，心是诚挚的，希望满满的，快乐总是跟感觉走，烦恼却总是跟着快乐来。

我们这个年龄，节日是彩色的，梦是甜甜的，笑是开心的，哭是认真的，心是诚挚的，希望满满的，快乐总是跟感觉走，烦恼却总是跟着快乐来。

随着年龄的增长，懂得的事一天比一天多，每一天的日子总是那样地逍遥自在，快乐无比。但是这样的日子也好像来得匆匆，去得匆匆。进入中学，太多的烦恼又接踵而至。

和男同学开几句玩笑或者讨论一些问题，这本来是正常的，但是旁边却难免来了白眼，口里不停地说，手还不停的指："瞧，他们多亲热呀！"哎，这时的高兴劲儿一扫而光，心情怎么也好不起来，又留下了满面愁容，大堆的烦恼。为啥男同学和女同学不能交往呢？它只给我们留下了一个大大的问号。

有时成绩稍微好一点，朋友又多，当你快乐地想唱支歌，想开心开心的时候，又来了他人嫉妒的眼色。我真难明白，他们这样到底是为什么？

星期三来临，心情顿然舒畅，因为下午不必再补课，这样刚放完学，便会有同学邀你玩一玩。是这样的好机会怎么想错过呢？可不没走几步，老师便把你拦住了，说什么要我们帮他干点事，反正下午也有时间。哎！帮老师做事倒是理所应该，也是很乐意的事，但是碰上今天，可真是倒霉。

每一天，当把写好的日记刚刚收起，父母就会问："什么东西，这么保密地收起？""是我写的日记！"他们却还不信，一口咬定那里面藏着"秘密"，再怎么解释也是白费力。我的妈呀，这真是无聊的游戏，小小的年纪，会有啥"秘密"。

有时，流言还会传到父母的耳里，把他们也团团困起，就死缠着我问长问短。在这个时候，我们只会莫名地哭泣，只想回到童年，回到儿时，拥有无邪的童心。但这只是海阔天空的梦罢了。

每天，只是一个人默默地咬笔，望着那瓦蓝瓦蓝的天空。飘荡着思绪，写下那满页满页的日记，那日记里有快乐，也有愁和苦，悲和伤。有时对自己还抱有怀疑："我还是原来的我吗？"

唉！千万别长大！

■ 赏 析

这个世界就是这样，你不可能摆脱世俗偏执的目光，我知道你是一张多么纯净的白纸，我真担心那些险恶的影子玷污了你的灵魂。

这个世界就是这样，你应该具备一种抵御严寒的能力，你应该亮出自己独立的风景，何必在意那些冷嘲热讽的袭击？

这个世界就是这样，成长的烦恼时时压抑着你那颗"无邪的童心"，只要你心中永远装着自己，只要你始终保持豁达舒畅的胸襟，那么，你还会害怕什么？

■ 男人 = 难人

>> 荆 韦

　　女人受了委屈，可以在丈夫的怀中哭泣，毫无顾忌。而男人呢？遭受不幸，却只能深藏心里，强装笑脸，怕的是自己在妻子心目中的形象矮了。

　　事业无成，难成大器，妻子斥之为不求上进，"窝囊"；激怒之下，一头扎进工作里干事业，又被斥之为冷血动物，不懂感情。没脾气，被称为缺乏阳刚，没有男子气；愤怒中大发脾气，妻又会说："你看！我说你城府不深，修养不够吧？"晚上回家晚一点，妻子埋怨没有家庭观念，周末特地起个大早将被子洗干净，妻子起床后会说："一个大老爷们，也太女子气，被子是男人洗的吗？"妻子没有钱买喜爱的衣服，会埋怨你没有本事挣不来钱；等领工资那天挣了钱，熟睡后醒来发现口袋已是空的，妻子会解释说："男人口袋里钱多了会花心，不利于家庭安定。"你说说，做个男人有多难。

　　男人，既是妈妈的儿子，又是妻子的丈夫，因此既是和事佬也是受气桶。婆媳发生冲突时，总是男人遭殃。妈妈会说："连自己的媳妇也管不好，我怎么养了你这个没用的儿子，娶了媳妇忘了娘，不孝！"妻子会说："你既然是你妈的孝顺儿，那又何必娶老婆。"这里的苦衷，谁又能说得明白。

　　女人受了委屈，可以在丈夫的怀中哭泣，毫无顾忌。而男人呢？遭受不幸，却只能深藏心里，强装笑脸，怕的是自己在妻子心目中的形象变矮了。

　　不知哪一位大作家经过周密的推理后，曾得出这样一个公式：男人＝难人！真是佩服之极。

■ 赏 析

　　一肚子苦水一古脑儿倾倒出来，痛快之中又蕴含着多少无奈！

　　生为男人，总为自己的性别感到骄傲，婚后，却时时为自己的性别感到苦恼，真是……

　　生为男子，"阳刚"受斥，"体贴"遭贬，"事业"遭责，……一切的一切，岂不窝火？岂不"难人"至极？

　　当越来越多的人把眼光都投向女人的世界的时候，会不会瞅个机会，偷眼看上一眼男人？

　　其实，不光女人需要关爱，需要关爱的，还有男人！

■ 紫色的苦恼

>> 任　佳

世界是美丽的，人是美丽的。世界诞生了人，人美丽了世界。

雨，细细密密的。我跳上公交车，拣了个空座一屁股坐下。车轮和着我心跳的节拍在路上上下起伏。

抬眼向前望去，一片淡淡的紫色的雾在眼前晃动——坐在我前排的是一个和我年龄相仿的女孩子，穿着一件长袖紫色连衣裙，乌黑的长发微微迎风拂起，她正在看本书，嘴边还带着些淡淡的笑，样子挺好看的。但我总觉得在这淡淡的笑中带着不易察觉的无奈和苦恼。

我的脑海中浮现出一个形象……她是……她是小学时坐在我前两排的那个女生。哦，对了，后来也不知什么原因转学了，一直没联络。那时的她，嗯，扎着两条羊角辫儿，唱个没完，是一个快乐的小天使……可现在，她怎么是这个样子……她还在看书，神情专注。我看不清书上的内容，只瞟见封面上印着三个字"琼瑶著"……

"你们学习忙吧，你怎么还有空看这书？"

"学习？凭我这功课，混一天是一天了。"这回轮到我吃惊了，我完全没想到她真的变成这个样子了。

显然是为了躲避我的目光，她转向车外，"红气球！"她轻轻地说着，显得很兴奋，我随她目光向窗外望去，只见一位母亲一手打伞，一手抱着个手擎着红气球的小姑娘。

她把脸转向车内，一股天真的笑注满了她的酒窝，一瞬间，我仿佛又见到了几年前的那个小姑娘。

她低着头，像是在自言自语，又像是在对我倾述："小时候，我也有这么一只红气球，是妈妈买给我的。"她喃喃地说着，随手理了一下衣服上的飘带，"在小伙伴们羡慕和忌妒的目光中，我好快活……可是就一刹那我无意间松了一只手，那气球就一下子飞走了……再也没回来……"她笑了，笑出了童年的纯真；我也笑了，笑成了定格……猛然想起，我死啃书本，对旁事不闻不问，我童年的红气球不也飞走了吗?!……

她下车了。望着她远去的背影，在我为她苦恼的同时窗外的雨丝好像轻揉着我的心，我的心也从另一种苦恼中苏醒……

■ 赏 析

阳光具有了七色，她才异常绚丽，人生具有了七色，她才欢快无比。

直面世界，笑对人生，去除诸多羡慕和妒忌，抛开诸多忧愁和烦恼，人生之路才会光明、坦荡和顺利。

千里马非出于马厩，万年松非生长于温室，鲲鹏直上九万里，乘云驾雾，沐风浴雨。只有这样，我们老祖宗发明的那个大写的"人"字，才会叱咤风云，顶天立地！

背起行囊闯天下

>> 徐 芸

脑海里装满了三毛独闯撒哈拉沙漠的浪漫传奇，内心里溢满了赤手空拳走天下的凄怆与豪迈。外面的漂泊与沧桑，幻化成若干年后衣锦还乡的威风与荣耀，世界大着呢，岂能无我容身之地？

高中毕业那年，我不到 15 岁，在家整整待业了 5 年。在我的同学中，没有人体会过我那时的无聊与烦闷，也没有人经受过我那么漫长的等待与煎熬。

也不知是大脑的哪根神经发了岔。就在 1989 年元月，我毅然决定离家出走。

脑海里装满了三毛独闯撒哈拉沙漠的浪漫传奇，内心里溢满了赤手空拳走天下的凄怆与豪迈。外面的漂泊与沧桑，幻化成若干年后衣锦还乡的威风与荣耀，世界大着呢，岂能无我容身之地？

父母都上班去了，我在家悄悄打点着行囊，想着这一去或许数年都难以返回故园，有许多心爱的物件不忍舍弃。于是，足足清理了三大袋行装。

我把即将出走的消息告诉了两位至真好友，叮嘱他们严守秘密。然后花 12 元买了一张去重庆的船票，在抽屉里给父母留下一张纸条：

亲爱的爸爸、妈妈：

我走了，请不要找我。感谢您们十多年来对我的养育。我会回来的，我一定会回来的！

女儿敬上

字未写完，泪先下来了。

在码头，我悲壮地与朋友告别，内心的千头万绪化为无言的对视。

同学华那时正爱慕着我，尽管我平日对他冷若冰霜，但需要帮助之际，我还是去找他了。华给我买了一大堆方便面，替我将笨重的行李搬上船，然后塞给我一个信封，叫我船开后再拆开。

船终于开了。我打开信封，里面是十张 10 元的钞票。100 元，这对于正处于待业的华跟我来说，无疑是一笔巨款。望着码头上那越来越模糊的身影，我第一次为华这份真所感动。

我孤独地躺在船舱里，心不在焉地翻着随身带去的一本散文集。"走亲戚？"一位旅客问。我点点头。他笑了："我还以为搬家哩，瞧你这几大包行李！"

我这才意识到自己的愚蠢。计划终点站是北京，带上这几大袋行李，中途转车该有多少不便。我有些后悔了。

北京没有我任何亲戚，只认识一位通过几封信的笔友。我打算先落下脚，再去求一份工作，心里也作好了吃苦流汗的准备，并为自己的壮举感到格外辛酸和自豪。从小到大，我未曾离开父母半步，那份爱的牵挂在我已成为一种重负。现在，我宁愿背着不孝子的名声浪迹天涯，到底为了什么？是为了摆脱内心无所依托的空虚，还是为了追寻一片自由的天宇？

我不能回答自己。再会了故乡！再会了亲人！我将童年的欢笑留下了，我将少年的歌声留下了，我将初恋的酸涩留下了，我将成长的痕迹留下了。也许，我只能以这种幼稚的方式来证明自己已经长大。

江水喧哗着，搅动着我内心渐重的不安与恐惧。我为什么而来，将要投奔什么而去？万一找不着落脚处，我是否真有露宿街头的勇气？

正心乱如麻之际，船到站了。我艰难地随着人流走向码头，忽觉手中的皮箱被人拎去，一抬头，表哥表嫂笑吟吟地站在我跟前，我知道计划败露，只好"束手就擒"。

事后才得知，我的好友承受不了心灵的负荷与良心的责备，将我"出卖"了。我的父母赶去航务处寻问，刚好那天只有唯一一班船到重庆，母亲连夜给重庆的三姨打电话。三姨说，电话里母亲急得声音都走了调。

我可以想象父母当时极度的焦虑与担忧，但当我被表哥护送回家时，两位老人未曾责怪我半句。只是他们眼中盛满的慈爱与蓦然间苍老的面容，令我兀自为自己冒失的行径潸然泪下。

十几岁时的幻想是天真而危险的。谁说闯天下是一件容易的事呢？外面的世界原本就不一定比身边的世界更精彩。何况，作为一个以人间烟火为食的俗人，我们永远摆脱不了故土和亲情的牵绊，那是世代相传，一脉与共，亘古不变的挚爱啊！

我至今仍保存着当年离家时购买的那张船票。它作为一个里程碑，赫然立于我青春的十字路口，时时提醒我逃离童话，回到现实，谨慎地决断。毕竟，生活包容不了那么多的传奇故事，平凡才是人生的真谛。

■ 赏 析

一段离奇、浪漫的人生经历。"我"20岁青春的短暂流浪和酸涩的回忆。抱着独闯天下的那份"凄怆与豪迈，"抱着"衣锦还乡"

的那份幻想与痴迷，"我"投身于茫茫的人海，去寻找一片蓝天，一片属于自己的美丽。

然而，"外面的世界原本就不一定比身边的世界更精彩"，为什么不"逃离童话"，重新找回自己？

"回到现实，谨慎地决断"，最终你会发现："平凡才是人生的真谛"。

曾经以为不会忘记

>> 潘向黎

二十岁以前，微笑、叹息、热泪、沉默，都是春天里的故事，而喋喋不休是事后多余而徒劳的追寻。曾经的一切即使淡忘也不曾远走，它们已在你的生命年轮里一一记录。

看二十岁以前的日记，发现自己在日记里写下了不少模糊的"断句"。

——"今天，我心情不好，因为……"

是心情不好到写不下去呢，还是对自己也不愿承认，连写下来的勇气也没有呢？

——"他真是一个很奇怪的人，对我说——"

关键的地方没有了。有什么需要绝对保密，以致如此语焉不详？我模糊地记起"他"指的是谁，可无论如何也想不起他对我说了些什么。但，一定是很重要的话吧，当时的我才会羞涩又认真地在日记里提上一笔。

还有的，句子是完整的，但又莫名其妙。"今天是我永远忘不了的日子。"接下来写天气，写校园里的海棠开了，草坪也绿了，却没有了"忘不了"的下文。看得出那个傻傻的女孩子是愉快的，可是为什么？

还有的更绝：只写某月某日，然后贴着一瓣花瓣，半透明的，已经变成褐色，似乎是虞美人的花瓣。这又是什么意思？不仅没有"事情"，连"心情"也不明确了。

这些"断句"和空白，就像断桥，将我扔在了此岸，再也回不到当时的彼岸。

我已经和你一样，对谜底完全茫然。

可以猜测，对一个学校、家庭两点一线的少女，她喜怒哀乐不会有太奇特的成因。使她兴奋的，不外乎是男同学的一件生日礼物，老师的一句赞美，或者和一个特别出色的陌生人的邂逅。而使忧伤、挫折的，无非是谁的一句话刺伤了她的心，或者哪个男孩子没有守信把她要借的书带来……不会有什么特别惊人的事情的。

到了关键处笔端游移开了，是因为怕被人看去了吗？不像，父母都是知识分子，平时绝对尊重女儿的隐私权。是出于羞怯？也不全是，既然有心记下它，写一半与全写只是五十步百步之别。

"今天是我永远忘不了的日子。"多么肯定、绝对。写的时候以为永远不会忘、不可能忘的。那么美好、奇特、令人心跳、惊天动地的事，不用写也会一辈子记得它的，当时这样有把握。

那些写天气、写花的句子，如果破译出来，也许是写一个男孩子的，关于他和我在校园里相遇时的一次谈话，他的语气、眼神、翘翘的头发以及吹起他衣角的风……应该是这样的。

可是，终究是什么呢？没有确切的记录，今天的我苦苦追忆也是徒劳。就像看一幅照片，拍的是一个湖，湖面上有层层的涟漪。可是为什么有这些涟漪？当时发生了什么？是风吹皱一池春水，还是谁投石冲开水底天？到底是什么呢——那有趣的、重要的、隐秘的、曾经以为永远不会忘记的是什么啊！

很难说清我读这些句子时的感受。就像面对一个绝对牢固的保险箱，虽然是自己的，但忘了密码，束手无策之余不禁对它的牢固产生了不满。再也没有人能够打开，连我都打不开了，这个少女时代锁上的保险箱。因为密码是二十岁以前的心、透明的眼神、那时的海棠甜甜的香气……

细看往日的日记，看不出往日的事件与遭遇，看不到几个清晰的面影，只看到那个内向的少女萌动的内心。柔嫩、细微、脆弱、层层叠叠地萌动。

二十岁以前，微笑、叹息、热泪、沉默，都是春天里的故事，而喋喋不休是事后多余而徒劳的追寻。曾经的一切即使淡忘也不曾远走，它们已在你的生命年轮里——记录。

成长的秘密，让我们把它在心中珍重封存。

■ 赏 析

当我们不再年轻的时候，再打开年轻时的日记，就像是去看照片上的湖的涟漪，不明白它因何荡起。

重读那些"模糊的断句"时，已启不开自己牢固的记忆，弄不清"往日的事件与遭遇"。飘远的，不只是"海棠花甜甜的香气"，还有那个柔弱女子的青春秘密。

如果能将那瓣虞美人花及日期一起破译，又将寻求到多少极致的美丽？然而春天已经远去，姹紫嫣红只是淡淡的回忆。

生命的年轮虽然刻下了曾经，到底并不那么清晰。曾经以为不会忘记，追寻却变成了多余，留下了的，是长长的叹息。

■ 迷路的地图

>> 蔡深江

　　心中无所事事的布正好包裹这一些清爽的忧虑，在晴朗安静的下午，摊在阳光下逐一检视。

　　我们心中都应该有一张布，皱得像年久失修的地图，然后，生活中发生任何不愉快的事情，就用它拭擦。等一天我们老得允许容纳一切不友善的表情，把布摊开，回顾一生。

　　我们不知道心中到底储存了多少物件，林林总总，尤其小的时候，挂念的事太多了：被老师没收的弹弓到底什么时候发还；快生产的母狗会生多少种颜色的小狗；断椰树干里的壁虎蛋不知道还在不在；爸爸信封上剪出来的马来西亚邮票老是同一个样式；每天还要数一数树上尚青嫩的芒果，心中无所事事的布正好包裹这一些清爽的忧虑，在晴朗安静的下午，摊在阳光下逐一检视。那时候心中的布不懂得要抹试不愉快的经验，即使和对街的坏小孩子打架，也不吭声地用口水涂敷伤口，若无其事的回家，大概我们有幸在乡下度过童年，从来不认为雨地的泥巴脏。

　　后来，我们就长大而且善于健忘，理所当然错过了从前老师说过的童话和寓言的意义。有一年历史考试真的有太多条约以及远因近因、年代、战争的经过和影响列队等着我们熟背，我偷偷把这一切答案写在心中那张白净的布上，从此，就填不下其他事件了。忙碌是成长不得不张挂的风景，我和街上往来的人视若无睹惯了，大家的哈欠都心照不宣。其实，他们的处境比我还糟，用心中的布——记录所有不快乐的语气，正反两面，细细密密都是他们不愿意原谅的过去，难怪街上往来的人越来越阴晴不定，怕湿的人都宁可带伞出门。

正直的故事后来总是按捺不住要透露一些伟大，善良的医生神色诡异地告诉我，心中的布已经错综迷惑，像坎坷的掌纹；沿着渐渐成形的地图一定可以迷路。

■ 赏 析

"我们心中都应该有一张布"，只因为它能包裹童年清爽的忧虑、能容括少年充实的忙碌、能缝补成长的错误……

打开"年久失修的地图"，回顾一生，我们的心能不为这笔财富而感动么？地图，我们心底的路，我们追忆，我们痴心挽留，我们可以在上面执意地漫步。

心中的布，地图……

■ 我想象着，你石破惊天的那一刻
——记一棵小松树的诞生

>> 黄启洪

自然是你最先承受阳光雨露的洗礼，自然是你最先迎接风暴雷霆的轰击；山洪漫天扑来，拭净你搏战的尘土；清凉自底而升，慰抚你带血的躯体；百鸟也不去朝什么凤了，都簇拥着你唱无词的山歌……

积淀，孕育；孕育，积淀，都多少个时代了，终于有一天，你再也忍耐不住，轰隆隆的一声，裂石崩云，陡地凸现于万仞峭岩之上。从此那浑莽的山石之丛林，便处处都奔腾着一股灵气。

自然是你最先承受阳光雨露的洗礼，自然是你最先迎接风暴雷霆的轰击；山洪漫天扑来，拭净你搏战的尘土；清凉自底而升，慰抚你带血的躯体；百鸟也不去朝什么凤了，都簇拥着你唱无词的山歌……

初来乍到，难免有片刻的孤独吧？可是你知道，动在静之中。如果蛮荒得没有人烟，如果奔流得没有声息，如果猛虎囚于笼中，如果蛟龙锁于小池，下一幕一定是爆发。无冥冥之志，无赫赫之功，你这样告诉我。

轰轰烈烈地生，隐忍顽强地活，平静坦然地面对胜利与失败，风的网罟被你撕得粉碎，雾的屏障被你戳得稀烂，有时你也吼几下，或者舒适地细语，挚爱得发狂——于是群山都恭敬地俯下身子，小草也仰慕地延长颈项，那直下三千尺的飞瀑，则是强奏狂热的竖琴了。

看到你的身姿不由地我想起了赛马和田鼠，赛马的神气和得意于顺利时的显现，一旦景况突变。山雨骤至，它那漂亮的腿就十二分疲软；田鼠总生于恶境之中，昼伏夜出无亲戚，东奔西突少友朋，强敌于林，险况迭起。一旦活力尽消，则死亡灭顶，于是它抗击得近于发疯，于是才有了种属的繁衍。而纯种赛马较之田鼠，一如盆景较之岩巅之松。

没有怨艾，没有懈怠，粗犷、豪勇、智慧，昂首高歌！我的善良的人们啊，愿你也象这棵小松树，裂石崩云，刷新你生命的颜色！

■ 赏 析

你在沉默了许多个时代之后，"陆地凸现于万冈峭岩之上"，灵气飘逸，光芒四射。

你"承受阳光雨露的洗礼"，你"迎接风暴雷霆的轰击"。你静静地伫立着，却引来百鸟为你歌唱，颂扬你的刚强！你与清风对语，你与白云嬉戏。群山羞愧地低下了头，"小草仰慕地伸长了颈项"，它们被你的毅力所折服。

也许盆景与你有相同的风姿，但展示出的却是人生的美丽。你是自然的奇迹，你的生存靠你自己。人们啊，你们也该有平静坦然的心，在成败面前含笑而立！

■ 山那边是什么

>> 齐铁偕

如果是莽莽苍苍的林野，会不会有响箭的指向？如果是横亘无垠的暮蔼，会不会有安详的晚钟？如果是躁动于旷谷之中的浩浩云海，会不会有鹰隼载渡？

山那边是什么？

不知是受到哪位神灵的启示，抑或是被一种无可躲避的召唤，我竟为之磕磕碰碰、踉踉跄跄地走上去。

时而跌落于陷阱，盼望黑森森的洞天会有一条藤索垂下，结果，什么都没有，还是靠自己挖破指头，攀援而出。

也曾走失在密林深处，认着足迹，寻着响泉，追着鸟鸣，辨着草叶树叶藤叶的背向。企图步出迷津，一圈圈摸过来摸过去，最后，仍旧回复原地。

也曾为流星的光晕诱惑，在波光点点的山中湖里沉溺；还被红狐狸的尾巴拨撩，染上异香，昏昏然，久久不能醒来。

那是为了换取一团炭火、一口淡漠、一盅水酒，不惜向人变卖青春的歌喉。

甚至腻烦了别人走过的山道而去筚路蓝缕，往往为踩着捷径沾沾自喜。

就这样，迎着风、沐着雨、沾着露、顶着雷，苦苦地走，忽而浅唱低吟，忽而长啸疾呼。所有的颠簸都在脚底起茧，所有的风云都在胸中郁积，所有的汗水都在肤上打皱，这一切的一切，都是为了知道——

山那边究竟是什么？

如果是莽莽苍苍的林野，会不会有响箭的指向？如果是横亘无垠的暮霭，会不会有安详的晚钟？如果是躁动于旷谷之中的浩浩云海，会不会有鹰隼载渡？

当我支着疲惫的双腿终于征服了一个自以为是的高度而极目远眺时，哦？山那边还是山。

脚下匍匐的只不过是一个土丘，一团小小的泥丸。到了此时，到了此地，才知道自己是微不足道的；也只有到了此时，到了此地，能知道自己的微不足道。于是，我又得肯定自己的跋涉，毕竟它使我知道了眼下属于我的风景仅仅如此有限。

那么，以后呢？

以后的事情谁也无法预料。

可我还是想知道：山那边究竟是什么呵……

■ 赏 析

拖一路疲惫的奔波，击溃一切荆棘密布的艰险，努力使自己上升，再上升，让生命去领略至上的风景，不求获取财富、姿色、地位、虚名，只想知道："山那边究竟是什么？"

但，又有谁能恬读完世间无限的风景？"山那边还是山"，"到了此时，到了此地"，你愈来愈感觉到自己的渺小，但你不能否定自己的跋涉，不能跌倒，勇敢地执著地向前，去寻找下一道风景下一个目标……

■ 烛 心

>> 婧 雪

在水一方，你看到我了吗？我是那星河里的一颗寒星，但并不是可望而不可及，只要你肯摘，我会走下来与你同行，一起来分担，分担往事，分担愁烦，分担夜寒。

终于点燃了企盼已久的 20 支蜡烛，点燃了 20 颗水晶心。心也流了泪，像那 20 支流泪的蜡烛。

20 年的路，好长、好累、好疲倦。

那纯真的梦幻曾溢满整个心灵，那童年的欢乐也曾注满过整个记忆。随着季节的更替，一步一个台阶，一步一个脚印，那阶上的印痕却越来越浅，浅到连自己都辨认不出这是自己的脚印。19 层台阶走过，蓦然回首，却找不到归路，找不到那天真的思想，找不到那记忆中的欢笑，只——惊诧于眼前的 20 支滴泪的蜡烛。

从什么时候，被那层雾所阻隔，看不清远山，看不清远山之巅的另一个我。

从什么时候起，被说不清的情感所迷惑，解不开那个结，走不出那张密密细细的网。

似水流年，流年似水，就这样走过冬，走过夏，走过 19 层台阶。

一直希望有一双深邃的眼睛能看懂我的心灵，能让我在疲倦的时候，依一依那宽阔的肩，能让我在我孤独的时候，感受到温暖，能让我漂泊之后，找到避风的港湾。

在水一方，你看到我了吗？我是那星河里的一颗寒星，但并不是可望而不可及，只要你肯摘，我会走下来与你同行，一起来分担，分担往事，分担愁烦，分担夜寒。

这是春月的第一天吗？怎么竟感觉不到一点春的气息？许是我太爱雪了？雪是冬天才会有的，我的心境还保留在冬天吗？该是高兴的时候，就不要管是冬还是秋，只要心底有一块属于自己的雪地，还是让春意漾开些的好。

朋友们来了，轻握你们的手，感谢你们给予我的爱与关怀，真诚与慰藉。

往事如梦，记忆如烟。

一切都淡了，淡淡的就像这烛焰的红晕圈，烛泪如血，滴在心上，心也流了泪。

不如让一切都顺其自然，不要去强求什么，该来的躲也躲不开，不该来的求也求不来。

还有那么远的路，还要一个人默默地去走，去承受。

凝埋这20支蜡烛，只祈求心永远如这一刻的宁静，让我拥住这一份永恒。

■ 赏 析

"烛泪如血"，怎堪回首？那十九年的风雨旅途，那十九年的浅浅的脚步，"蓦然回首，却找不到归路，找不到那天真的思想，找不到那记忆中的欢笑。"

一切都如过眼云烟，一切都如那层朦胧的薄雾，转过身，认真清点一下属于自己的伤口，把晦色的忧伤抛进深谷，抬起头，"我"还要继续走"我"自己的路……

■ 独 白

>> 席慕蓉

　　而世间有多少无法落幕的盼望，有多少关注多少心思在幕落之后也不会休止。我亲爱的朋友啊！只有极少数的人会察觉，那生命里最深处的泉源永远不会停歇。这世间并没有分离与衰老的命运，只有肯爱与不肯去爱的心。

A

　　把向你借来的笔还给你吧。

　　一切都发生在回首的刹那。

　　我的澈悟如果是缘自一种迷乱，那么，我的种种迷乱不也就只是因为一种澈悟？

　　在一回首间，才忽然发现，原来，我一生的种种努力，不过是为了要使周围的人都对我满意而已。为了要博得他人的赞许与微笑，我战战兢兢地将自己套入所有的模式，所有的桎梏。

　　走到中途，才突然发现，我只剩下一副模糊的面目，和一条不能回头的路。把向你借来的笔还给你吧。

B

　　把向你借来的笔还给你吧。

　　他们说，在这世间，一切都必须有一个结束。

不是所有的人都能知道时光的涵义。不是所有的人都懂得珍惜。太多的人喜欢把一切都分成段落，每一个段落都要斩钉截铁地宣告落幕。

而世间有多少无法落幕的盼望，有多少关注多少心思在幕落之后也不会休止。我亲爱的朋友啊！只有极少数的人会察觉，那生命里最深处的泉源永远不会停歇。这世间并没有分离与衰老的命运，只有肯爱与不肯去爱的心。

涌泉仍在，岁月却飞驰而去。

把向你借来的笔还你吧。

C

把向你借来的笔还给你吧。

而在那高高的清凉的山上，所有的冷杉仍然都继续向上生长。

在那一夜，我曾走进山林，在月光下站立，悄悄说出，一些对生命的极为谦卑的憧憬。

那夜的山林都曾含泪聆听，聆听我简单而又美丽的心灵，却无法向我警告，那就在前面窥伺种种曲折变幻的命运。

目送着我逐渐远去，所有的冷杉都在风里试着向我挥手，知道在路的尽头，必将有怆然回顾的时候。

怆然回顾，只见烟云流动，满山郁绿苍蓝的树丛。

一切都结束在回首的刹那。

把向你借来的笔还给你吧。

■ 赏 析

"把向你借来的笔还给你吧"，"我"不想再博得你们的"赞许和微笑"。"我"要把所有套在"我"身上的"模式"通通击倒。

　　"一切都结束在回首的刹那"，从那一刻起，"我"真正看清了自己的影子自己的生活。

　　"我"就是"我"！何必要困圄于你们的圈子里生活，何必要把一切都"分成段落"。

　　"把向你借来的笔还给你吧"，"我"要握紧自己的"笔"，寻找属于自己的生活！

■ 修剪自己

>> 王安雄

人要善于不间断地运用修剪的方式，集自身的力量充实自己，汇自身的妙处完善自己。

总想用勇气铸一把锋利的剪刀，毫不客气地修剪自己。

将自己的那些只争阳光、养分，而不会结果的枝枝蔓蔓一一剪去，将自己的那些染有霉点开始枯萎而丧失生机的陈旧枝干剪去，连同那些只是表现一时荣耀而最终随风落去的多余花苞也一并剪去！

总想不间断地运用修剪的方式，集自身的力量充实自己，汇自身的妙处完善自己。

因为我懂得：反反复复的修剪，人类世界才从低级走向高级，才从野蛮走向文明，才从必然走向自由。

因为我明白，任何一幅最美丽的窗花，是靠反反复复修剪出来的，任何一部最成功的作品是靠反反复复修剪出来的，任何一个最伟大的人物是靠反反复复修剪出来的，任何一个最辉煌的民族是靠反反复复修剪出来的。

修剪自己，走向完美。

■ 赏 析

人犹如一棵树，只有在反复的修剪中才能茁壮成长，才能完善自我。

人无完人。修剪自我，可以剔除错误，可以消灭荒谬，也就是说"不间断地运用修剪的方式"来充实自我，以便达到"汇自身的妙处完善自己"。懂得了历史在修剪中前进，民族在修剪中辉煌，又怎会不想到人在修剪中伟大呢？

修剪自我，才能走向成熟；修剪自己，才能走向完美……

■ 清　高

>> 汪国真

要么吐气若兰，要么气质似竹，要么心净如水，要么才情像海。

清高，不是因不优越，而是因为优雅。优越产生的不是清高，而是高傲。

高傲是不能与清高相提并论的，仿佛植物，有的雍容，有的飘逸，是很不相同的。

一个处处想向别人表明自己清高的人，其实并不真正清高，真正的清高是为了保持自身的纯洁，而不是为了做给人看。

你可以是清高的，但却不能因此把别人视为浊物，否则，这是缺乏良好修养的一种表现。

有一些仿佛清高的人，是因为从来不缺乏牛奶和面包。一旦发生生存危机，他便会斯文扫地，抢得比谁都疯狂。

中国历代文人都不缺乏清高超拔之士，所缺的是清醒冷静之人，狂热时候的清醒和挫折时候的清醒。

不是什么人都可以清高。

要么吐气若兰，要么气质似竹，要么心净如水，要么才情像海。

一个庸俗苟且之辈，倘若也要做出一副清高状，只能让人觉得滑稽。

有一些时候，沉默也可以用来表明一种清高，但其意义也仅仅限于表明了清高，遗憾之处在于，这种清高往往于时无益，于事无补，因而，往往也就带上了消极的色彩。

有一点清高，可以获得人的好感；太过于清高，极易招致人的反感。这是生活中，我们不能不注意的。

清高，可以用来修身，却不能用来治国，更不能用来平天下。为人所不能为，忍人所不能忍，这常常是大英雄之举。而此类做法，往往与清高相去甚远。

■ 赏 析

"清高"的概念需人用抬头仰望，低头思常的审美观念和人生观念去品咂。

"清高，不是因不优越，而是因为优雅"；"高傲是不能与清高相提并论的"；"真正的清高是为了保持自身的纯洁，而不是为了做给人看"，"清高，可以用来修身，却不能用来治国，更不能用来平天下"……

一路走去，每个人将留下怎样一个身影给世人？清高超拔的世人？抑或清醒冷静的英雄？

自己选择！

■ 人生两支笔

>> 李含冰

人生这部书，是用两支笔书写的：一支笔书写如意的欢欣，一支笔书写失意的苦痛，这部书才能有精美的故事，才能经得起品味。人生是立体的雕塑，不是一种色彩的平面图。只有如意没有失意，人生也会苍白。战胜失意是为了如意，要如意就必须冲过失意的篱笆墙。

人生，需要珍惜别人，也需要珍惜自己。

人生在世，会有许许多多的希望，期待、渴盼梦想……然而，有许多时候，不会成为令人陶醉的现实。

希望大路平坦笔直，却常有转弯处和崎岖；希望播种后能五谷丰硕，却常有病虫害有冰雹有暴雨……

人生是一挂载重的车，由如意和失意两个轮子支撑。只有一个轮子，这挂车就不会前行。因为失意像深秋里带有寒意的风，虽然不如春风和煦，不如夏风赤热，却能把果实吹红；因为失意像磨石，虽然能把人的灵魂磨痛，甚至要滴血，却会让人丰富自己的生命，不能"偏瘫"低能。

人生这部书，是用两支笔书写的：一支笔书写如意的欢欣，一支笔书写失意的苦痛，这部书才能有精美的故事，才能经得起品味。人生是立体的雕塑，不是一种色彩的平面图。只有如意没有失意，人生也会苍白。战胜失意是为了如意，要如意就必须冲过失意的篱笆墙。

人生，有不如意才有如意，有不欢欣才有欢欣，有不顺畅才有顺畅，有不成功才有成功。所以，如意时不要傲然目空一切；失意时也不要凄凄然自暴自弃！

人生是一次播种，希望是种子，实践是土地。播种了不一定都发芽，但不播种却永远不会发芽。

有志者失意时重新审视自己，不肯弯下高贵的身脊；无志者才无价值地折磨自己，用眼泪浸泡叹息。失意的同时珍惜了自己，也就是重新选择走向成功的开始。

成功的每条路上，留有许多奋进者珍惜自己的深深足迹。

珍惜自己的自尊、自重，自强，生命也会珍惜你！

■ 赏 析

没有谁的人生之舟会一帆风顺。行在海里，总会遭遇风浪的侵袭；没有谁的人生翅翼会永远美丽。飞在天上，总会有雨雪的袭击。人生，有两只笔。"一支笔书写如意"，"一支笔书写失意"。

不要陶醉于生活海洋的平静，这只是给你片刻的安逸，前方仍会有礁石等你；不要埋怨生活道路的崎岖，这使你磨砺出了勇气，踏下"深深足迹"。

"人生是一次播种，希望是种子，实践是土地"。收获了丰硕的果实，不要忘记重新开始，收获了满目的疮痍，不要只去叹息哭泣。珍惜自己，珍惜如意和失意，生活才会珍惜你！

■ 让心灵在书中憩息

>> 魏明双

　　跌倒没什么，爬起来继续朝前走；失败没什么，一切再从头开始；伟大没什么，离开平凡一切都很渺小；成功没什么，未来不会到此结束。

　　喧闹和繁杂已经成了现代人生活的主旋律，人和人的碰撞，人和物的磨擦是一门无从逃避的必修课。工作的快节奏和生活的多样化在给人们带来欢乐、带来温馨的同时，也带来了困扰，带来了烦恼。心灵，时常被揉搓得备感疲惫和倦怠。那么，我们该到哪里去寻找心灵的憩息地呢？

　　也许，每一颗心灵都有一块属于自己的休憩之所。它或许是轻歌曼舞的卡拉 OK 舞厅，或许是五光十色的电视荧屏，或许是费心熬神的麻将桌旁……而我以为，一方有书的天地更适宜我们的心灵憩息。

　　置身于一方有书的天地，触目那些或发黄或簇新的书籍，它睿智的灵光会将我们的眼睛映照得鲜亮而炯然有神。打开书，走进五彩缤纷的思想丛林，我们便顿觉异香弥漫，沁人肺腑，总能在油墨的芬芳中感悟些什么。当我们与书中那形色各异的人和事交融在一起的时候，我们便会发觉生命曾经隐忍的种种深义——

　　跌倒没什么，爬起来继续朝前走；失败没什么，一切再从头开始；伟大没什么，离开平凡一切都很渺小；成功没什么，未来不会到此结束。

神游天下，有助于我们松弛绷紧的神经，冷却燥热的情绪；他山之石，能够使我们触类旁通，获得实在的精神力量。书，将会一次次使我们受伤的心灵得到抚慰，将会渐渐地使我们缺钙的思想变得坚强。

书，真是个好东西，"饥读之以当肉，寒读之以当裘，孤寂而读之以当友朋，幽忧而读之以当金石琴瑟。"

愿你我常常置身于一方有书的天地，常常沐浴书的灵光，让我们的心灵在得到寄托的同时，也得到重塑。

■ 赏 析

感觉中，人和人的碰撞，人和物的磨擦，人和周身一切的纠葛，早已把心灵的纸页揉搓得倦怠不堪，早已把思想的灵光磨成一根细线，早已把人的那份优雅葬埋。静处时，一种来自遥远的声音追问自己："我该到哪里寻找心灵的憩息地呢？"文者回答：到书中来。

书中有天有地，有风有雨，有茶有酒，有笑有泪，有的是不绝的风景和意蕴。

书，是心灵的憩息地，也是人格走向精致的阶梯。

■ 百折不挠

>> 鲁先圣

成功在人生最遥远的地方，人生的近处站满了失败。所有的努力必然都从失败开始。一个人，如果认识不到这一点，便是一个平庸的人。

百折不挠是个很一般的词汇，几乎上过几年学的人都能正确解释它的含义。但是，在人的一生中，能够自由驾驭这个词汇的人却微乎其微。绝大多数的人，正是在这个词汇面前跌倒了，从而使自己成了一个普遍的人间过客。

有一个人，以他自己的经历，给我们提供了雄辩的证明。

他20岁时做生意失败。23岁，他竞选州议员，又失败了。24岁时他重操旧业继续做生意，又赔得一无所有。26岁时他的情人不幸死去。28岁时他的精神完全崩溃，几乎住进疯人院。29岁时他再次竞选州议长失败。31岁时，他竞选国会议员失败。39岁时他竞选国会议员再次失败。46岁时他竞选参议员失败。47岁时他竞选副总统失败。49岁他竞选参议员再次失败。

这个人在51岁那一年竞选总统成功，成为美国历史上与华盛顿齐名的最伟大的总统，这个人，是亚伯拉罕·林肯。

林肯给我们的启示是，失败了，跌倒了，重新再来。事实上，这才是真正的百折不挠。百折不挠最完美的注脚是，无数次失败之后的那一次是伟大的成功。这也是成功的惟一秘诀。

我们许多人之所以总是与成功无缘，原因就是失败了一次甚至几次，就对自己的能力产生了怀疑，丧失了自信心，就回到原路上去了，失败在人生中便只有失败这一个定义了。

而相反的是，失败是成功的基石，所谓失败是成功之母便是这个意思。成功，正是无数次的失败连结起来的。

成功在人生最遥远的地方，人生的近处站满了失败。所有的努力必然都从失败开始。一个人，如果认识不到这一点，便是一个平庸的人。

人生的哲学就是这样，你失败了一次，它便告诉你这个地方你走过了，不要再重蹈覆辙，你应该换一条路去走。当你换过无数次之后，成功的坦途就已经铺到你的面前了。

■ 赏 析

朋友，在你的人生道路上，遇到过失败吗？我想你的回答必然是肯定的。

是呀，失败是成功的基石，自信则又是失败的劲敌。"成功在人生最遥远的地方，人生的近处站满了失败。所有的努力必然都从失败开始。"难道这不是人生的真谛，成功的秘诀？

"失败了，跌倒了，重新再来"，直至胜利，这就是百折不挠，正是这样，地球上才布满了奋斗者的足迹。

■ 神女峰

>> 戴涛

三峡真不愧是闻名遐迩的游览胜地，激流险滩，峡谷青山，还有种种美丽的传说，都在这里融汇……

某一天，我与朋友上街，忽然见大大小小的旅行社门口挂出了同样的招牌："你想最后一睹三峡的风光吗？请快参加告别三峡游！"于是朋友问我：你去过三峡吗？我说：去过。朋友又问我：怎么样，可以讲讲吗？

我说：讲讲就讲讲。

那是好几年前的事了，那时我刚到检察院一年，一天领导把我叫了去，说"公安"移送来了件抢劫案，抓了三个男的；还有一个女的，叫浦英，回四川了，你与公安到四川跑一趟，把她带回来。领导又说：别看这女的不是主犯，可有了她的口供，这案子就好办了。

第二天，我和"公安"的两名侦查员出发了。公安去的是一老一少，老的姓常，五十来岁，是个干了三十年公安的老家伙，少的姓钱，刚从警校毕业的黄毛丫头。两个多小时后我们到了重庆，然后经过八个小时的长途汽车，我们抵达了浦英居住的小镇，当地的民警把我们领过去，指指一个正在刷墙的二十多岁女子说，就是她。我们就向她出示了逮捕证。浦英好像知道我们要来似的，也没大哭小叫的,到里屋拿了几件衣服就跟我们走了。路上我问她:刷墙干吗?她说:想开个小饭店。

"目标"抓到了,该回上海了。老常说:回去不能坐飞机了,飞机上不让带犯人。我便问老常:你到过三峡吗?因为在出来前我就研究过地图,这一路上最好玩的地方便是三峡。老常说:没到过。

我赶紧建议说:回去我们坐轮船怎么样,顺便还能看看三峡。老常犹豫了一下,说:也好。

可当我们登船时却遇到了麻烦,检票员一听说我们带了犯人,立刻精神高度紧张,说你们带犯人怎么可以和旅客坐在一起呢,出了事谁负责?

我们只得退到一边,老常将浦英的手铐摘了,叫小钱牵着她的手,换一个检票口进,这次我们顺利登了船。在船舱里安顿好行李,老常悄悄对我说,我们不能再给浦英上铐了,不然准麻烦。我问:不会有什么问题吧?

老常说,只要她的精神放松,不跳江就成。

为了使浦英放松,我便跟老常、小钱轮番着上阵,晓之以法,动之以情,将"坦白从宽、抗拒从严"八个字解释得极透彻极有感染力。浦英终于被感动了,说:我一定走坦白从宽的路。

第二天的早晨,甲板上人声喧嚷,一问才知道船已至三峡,我们都想出去看三峡,可将浦英一个人放在舱里不妥,于是就将浦英也带到甲板上。

三峡真不愧是闻名遐迩的游览胜地,激流险滩,峡谷青山,还有种种美丽的传说,都在这里融汇……我连忙打开了照相机,给老常、小钱照相,老常也打开相机为我照……

看完了三峡,这一路上便没有什么精彩的镜头了,我们就整天呆在船舱里。

回到上海，为了想表现自己的办事效率和能力，我决定连夜审讯浦英，做一份浦英交代的详细材料给领导看。

走进审讯室，我的心情非常轻松：浦英，你把参加抢劫犯罪的经过说一遍。我的语气是非常温和的。

浦英看了我一眼，低下头去一声不吭。

我把刚才的话又重复了一遍，嗓门自然也提高了一些，浦英头也没抬，还是沉默。这下我有些火了：浦英，你为什么不说话？你不是在船上说好要争取宽大，难道你不想早一点回家么?! 浦英依然沉默。

我终于没了招，无奈之中只能打电话向老常求救了，老常慢条斯理地对我说，别急，过两天我去审审看。

两天后，老常送来一份浦英的亲笔供词，整整九页纸。

咦，你是怎么使浦英交代的？我非常吃惊。

老常不肯说。可我逼他非说不可，老常便从公文包里拿出一张照片给我看，想不到竟是浦英在船上的照片，背景是三峡的神女峰。

■ 赏 析

神女峰是长江三峡的著名景点，作者以《神女峰》为题，自有其立意的思考和点题的妙用。

我们无意开脱浦英的罪责，虽然她是个从犯，从犯也是犯罪。

犯人固然该依法惩处，但除了那些十恶不赦的惯犯，我们的政策是以改造为主，使犯人洗心革面走向新岸。这里面很重要的一点是要把犯人当"人"，既是人，就有人情和人性，何况浦英这样年轻而敏感的女人。

她在被"我"审讯时自暴自弃破罐破摔的抗拒（表现为一言不

发），就可看出这个年轻的女犯对是否把她当人而耿耿于怀。经验丰富的老公安老常的高明之处，虽然简单却发人深省。足以让"我"悟到许多东西。本文手法别致，其特点就在于设置了一个"特定环境"，换了别的地方，能给女犯人打手铐甚至来一张风景照吗？而特定环境往往能表现人的最复杂的心理意识活动。

■ 悔　恨

>> 舒　晨

只要枝干不枯，大树就会昂然而立。少年时代的往事只留下梦一般恍惚的记忆，我的眼前总迭现出他那双眼睛：信任的眼睛、热情的眼睛、委屈的眼睛、失望的眼睛……

有人说，人生像一只口袋。当袋口封上的时候，人们会发现，里面装的全是没有完成的东西和令人遗憾的东西。在我少年的口袋即将封口的时候，向里望去，也清清楚楚地看到了那永远留在袋里的遗憾和悔恨。

我总也忘不他——毕金涛，我小学五年级的同桌，那个聪明好动的男孩子。

那时，我是班里的学习委员，学习好，又讨老师喜欢，这使我有种高高在上的优越感。毕金涛却是班里调皮的学生，几乎每天都有任课老师和学生向班主任"告"他的"状"。

毕金涛的父母都在北京，他一人跟着有病的奶奶，总是穿戴不整，指甲长，脖子脏，经常使班级在卫生评比中丢分，是班里的"老大难"。但他为人极其善良、真诚、憨厚。他的那双大眼睛里总是闪动着单纯的热情。

有一次班里调位，老师把我们凋到一起。我知道老师是要我帮助他改掉身上的缺点。而毕金涛觉得，能和"干部"同桌，是对他的信任。他很高兴，那几天，他的眼里一直盛满了喜悦和兴奋。课上，他常常用橡皮刻个小人儿，在书上画只小鸟儿，然后捅捅我，送给我看，双眼在闪闪发光。

可每当这时，我总是用一种威严的目光冷冷地回敬他，从鼻子里轻蔑地"哼"一声。于是，他的热情立刻冷却，低下头，再也不抬起那双失望的眼睛。

有时，他的胳膊不知不觉过了"三八"线，我便厌烦地用笔敲敲他的胳膊："过去！"我看见，他用的是一种陌生的眼光来看我，然后悄悄地把胳膊缩回去……

以后，毕金涛好像"老实"了许多。上课极少说话，胳膊也总在自己那边。我心里暗自得意。我渐渐发现，他虽然疏远了我，学习成绩却在一天天进步。我有些惊宅，也有些害怕，而更多的是对自己的信心。"他怎么会超过我?！"终于有一次数学考试，毕金涛的成绩高出我五分，我顿时妒火中烧，觉得自己的自尊受到了侵犯。

几天后的一次大仿课上，我交完了本回来，看见毕金涛正把他的笔伸进我涮笔的杯子里，清澈的水立刻乌黑一片。他看见我过来，仰着脸，憨憨地笑，那双大眼睛是那样透亮。

可我积攒了几天怒火却在一瞬间被点燃了。我抓起他的大仿本，狠狠地摔到地上："讨厌！谁让你用我的水！"

他猛地站了起来，脸色变得通红，眼里充满了委屈和气愤。我若无其事地坐下来，他却在那里站了好久，终于什么也没说。最后，他默默地拾起自己的本子，坐了下来。

我感到，他的身子在微微发抖。

第二天，一切都和往常一样，我仍然"管"着他，他有时也和我说话，但我发现，他的眼里已经黯淡无光，没有了那份信任和热情……

四年了，整整四年，毕金涛早已去了北京，少年时代的往事只留下梦一般恍惚的记忆，我的眼前总迭现出他那双眼睛：信任的眼睛、热情的眼睛、委屈的眼睛、失望的眼睛……我不知道他有没有遗忘这一切，我不知道他是不是仍在记恨我。而在我心中，总也抹不掉这少年时的悔恨。

我依然学习好，依然讨老师喜欢，依然有一种优越感，依然当干部"管"别人。然而，我再也不会无端伤害一颗真诚的心；我懂得该怎样去尊重每一个善良的人，即使他是个弱者。

少年的口袋就要封起，但我知道，里面永远会有一份沉重的愧疚……

■ 赏 析

通过对往事的回忆，不仅真实再现了小学生的单纯、幼稚，而且水到渠成地深化了中心思想："我再也不会无端伤害一颗真诚的心；我懂得该怎样去尊重每一个善良的人，即使他是个弱者。"读着这凝聚着作者深情的语句，为师者怎能不为学生认识的成熟、心灵的升华而由衷感到欣慰呢？写的虽是小学生之间极其平常的琐事，却从中提炼出如何待人的大主题。两个人物个性鲜明：我的优越感、傲慢气，跃然纸上；毕金涛的善良、真诚、憨厚，尤其是他那双大眼睛里闪动的热情、充满的委屈、流露的失望，如在眼前，给我们留下很深的印象。首尾照应，倒叙手法自然，结构严谨而不呆板。文笔流畅，字里行间溢荡着真诚，具有非常感人的力量。

■ 军功章

>> 海飞

努力地接近真善美、塑造真善美，并将这一追求融于实践活动中，而非一味地急功近利。那么，在这种"只问耕耘，不问收获"精神的指引下，你的素质将得到最好的修炼。当机遇来临的时候，你一定会稳操胜券。

骆林年轻时是当过兵的，而且在全国军事比武中夺得过第一名。团长亲自授予骆林金光闪闪的三等功勋章。当然那都是年轻时的事了。骆林也由过去的好兵小骆变成了商海弄潮的好手。不再有人叫小骆或骆林，只听见有人叫骆总，声音中满含着谦卑。小骆也好，骆总也好，总而言之，他非常怀念那段军中的岁月。是部队铸就了他不屈的灵魂和坚韧的性格，使他一步步走向了公司董事长的宝座。

骆林喜欢和下属们说起部队的事。每次陪客户一起去 KTV 包厢，骆林总喜欢唱那些《打靶归来》之类的部队歌曲。骆林办公桌的抽屉里，珍藏着那枚军功章。骆林常抚摸它，那些军中往事便在骆林深情的抚摸中越来越清晰。

有一次骆林在街上目睹了一暴徒在光天化日之下行凶后，大摇大摆离开现场。骆林站在人群里，他想冲上去，但忽然想到了娇妻爱子和自己所原有的宠大公司。他犹豫着，犹豫着，终于隐进了人群，这时他看到了一名年轻人勇敢冲向歹徒，并与之搏斗。年轻人受伤了，但歹徒也被闻讯赶来的警察制伏。骆林认出年轻人是自己公司的一名普通员工。

骆林后来去医院看望过这年轻人。报社和电视台也对年轻人的这一壮举作了详细的报道。市民们自发去慰问他，小学生送去了花篮。年轻人成了鲜花和掌声中的英雄。

骆林从年轻人身上看到了自己当年接受勋章时的意气风发。年轻人出院后，骆林以公司名义破格提升了年轻人，并授予公司荣誉奖章和奖金，号召公司员工向年轻人学习。但夜深人静时。骆林无数次从梦中醒来。他对自己的一念之差悔之莫及，汗颜万分。但他突然又想，十年以后，假如年轻人也拥有了自己的公司，他会不会不顾生死地冲上去与歹徒搏斗呢？这是一个谁也无法回答的问题。

一天傍晚，骆林的女秘书处理骆林的废纸篓时，发现篓底有一只锦盒，锦盒里有一枚闪闪发亮的军功章。年轻的女秘书疑惑地看了骆林一眼，骆林正在批阅公司文件，显得很专注。落地窗外是一片血红的夕阳，女秘书怔在那儿，手提废纸篓，不知该怎么办！

■ 赏 析

一生之中做一件好事并不难，难的是一辈子做好事不做坏事。同样，一种好品格，保持一段时间也不难，难的是一生保持。我们生活的社会，纷繁芜杂，好的、坏的东西会潮水般涌向你。但只要保持头脑清醒，人正影直，你就会逢凶化吉，遇难呈祥，你就会走好你的人生旅程。

作者写出了一个有血有肉、形象丰满的"人"的形象。文章构思独特，一反先抑后扬的写作旧套路，采先扬后抑手法，收到意想不到的表达效果。军功章作为道具贯穿始终，起到了穿针引线，连结全文的作用。刻画人物中，若文章结束于倒数第二段，整个文章也较完整，但作者进一步，最后一段描写既出乎读者意外，又合情合理地把那枚记录了他光荣历史的军功章扔进了废纸篓。至此军功章这个道具使文章前后呼应。使骆林这个人物由抑而得到反弹，人物形象更丰满，更立体化。

重整旗鼓

■ 美丽心园

>> 罗 西

心有明灯，便不会迷路，便可拒绝黑暗、胆怯，而拥有一份明朗的心情，一份必胜的信念，一份坦荡的胸怀。

古堡里，若住着魔鬼，那么古堡就是地狱；星辰里，若住仙子，那么星辰就是天堂。

而心园呢？

心有明灯，便不会迷路，便可拒绝黑暗、胆怯，而拥有一份明朗的心情，一份必胜的信念，一份坦荡的胸怀。

心有小窗，便有亮丽阳光进来，小酌一些温暖的故事，便有自由清风邀约一些花香或者白云。

心有琴弦，纵然客去茶凉，仍有小曲缓缓响起，仍有满树桂花知音而化为酒香。

心有栅栏，然后青藤爬过，那些小秘密点缀其中，像叶片下小憩的蝴蝶，做梦一般，只能用花粉形容。

心有玉阶，满阶是香囊佩瑶，满阶是锦言妙计，还有玲珑小贝和神秘念珠，于是孤独不再降临，花瓶不再寂寞。

心有圣殿，供奉着高贵、尊严、善良、理想和追求……这都是些美丽的神灵。由此，而不可侵犯；由此，而拥有世界和自己。

这就是吾心吾园。

有心而知远方，有心而识灵魂。

有心而自知，有心而成为人。

我爱吾心吾园，打扮她，美化她，装点她，实实在在地拥有她，美丽心园，哪怕是一块木头，也会成佛；美丽心园，哪怕身处幻境，仍为真人。

■ 赏 析

"心有明灯"，不会迷路；"心有小窗"，洒满阳光；"心有琴弦"，便具酒香；"心有栅栏"，秘密如蝶；"心有玉阶"，佩瑶满阶；"心有圣殿"，"不可侵犯"。

这样的心园有着"温暖的故事"，悠扬的曲子，茂盛的青藤，"美丽的神灵"。

拥有这样的心园的人有着美好的追求，执著的信念，高雅的志趣，绝美的灵魂。

"美丽心园"，美丽人生。

■ 惊心动魄的一幕

>> 愚　君

　　这有什么不好决定的？一切都已经解决了。打算枪毙的授予英雄勋章，
打算判刑 20 年的授予列宁勋章。

　　在距离俄罗斯首都莫斯科 400 公里的地方，有一鲜为人知的小
城，因为任何苏联或是今日俄罗斯的地图都没有标示它的存在。正
是在这个名不见经传的小城，许许多多出类拔萃的物理学家为昔日
的苏联研制了数不清的核炸弹。

　　这个小城名字非常之多，足可列入《吉尼斯世界纪录大全》。例
如"河边事务所"、"克格勃—11"、"550 工程"、"克罗廖夫"、"中
央—300"、"新耶路撒冷"（绝大部分苏联核专家都是犹太人）。目
前，这个拥有数十万人口的小城称"阿尔扎马斯—16"。

　　"阿尔扎马斯—16"建于 1946 年，原来这里是一个不大的省级
城市，名为萨洛夫。

　　权势显赫的苏联秘密警察首脑贝利亚主持苏联的核武器研制计
划。1949 年夏季，第一个苏联原子装置从这里制造成功，运往哈萨
克斯坦的谢米巴拉金斯克核试验场。当时，"阿尔扎马斯—16"的专
家和学者怀着期待与恐惧兼有的复杂情感等待这次试验的结果。他
们清楚地懂得，试验失败，他们将受到最严厉的惩罚。贝利亚及其
助手已秘密地准备了一份试验失败应当判处死刑和长期监禁的苏联

核专家名单。幸运的是，爆炸成功了，专家们幸免于难。

不过，贝利亚的名单并没有成为废纸。当后来需要决定这些学者中哪些人应当受勋时，贝利亚要来这份名单，看完名单后，他下令："这有什么不好决定的？一切都已经解决了。打算枪毙的授予英雄勋章，打算判刑 20 年的授予列宁勋章。"

■ 赏 析

你很难想象这惊心动魄的一幕："打算枪毙的授予英雄勋章，打算判刑 20 年的授予列宁勋章"。

然而，那些"阿尔扎马斯—16"的专家和学者们却顶住了来自外部的恐惧和死亡，他们人生最大的心愿除了科学，还是科学！他们默默地奋斗着，即不在意危险，更不在意荣誉。这是全世界科学家的真实写照，是奠定现代文明的幕后功臣们的缩影，从他们那里，你获取了什么？

■ 越过一片沼泽

>> 艾明波

前方的路还很远很远，跋涉的过程还很长很长。改革还会遇到激流险滩，自然界还会有寒来暑往。请坚定你成功的信念，走过思维层中那紊乱与繁杂，摆脱你心灵中的寂寞与荒凉。

站在这无垠而温暖的土地上，我们向辽远的天际眺望，那里有不败的鲜花，那里有丰富的宝藏。虽然我们脚下坎坎坷坷充满路障，但远方的呼唤再一次庄严地响起，前进的征途中又怎能永久地陷入徘徊彷徨。既然选定了追求的目标，既然我们曾历尽艰辛战胜过凄惘，那么，坚强的心灵就不会被暂时的困惑压倒在路旁。走出我们情绪的低谷，去创造那片歌的世界和掌声的海洋。

虽然改革的路上遇到了一些困难，虽然有人发了些牢骚和感伤，但决不因此放弃权利和责任，放弃对宏伟蓝图的设想。前方的路还很远很远，跋涉的过程还很长很长。改革还会遇到激流险滩，自然界还会有寒来暑往。请坚定你成功的信念，走过思维层中那紊乱与繁杂，摆脱你心灵中的寂寞与荒凉。

洪钟已经敲响，就让轰鸣的声音在苏醒的天空回荡，列车已经启动，就让呼啸的风为我们助威、加油、鼓掌，越过眼前的泥泞并不意味越过了所有的沼泽，有过一次失误，并不等于永久的迷茫。我们在探索中进行着伟大的壮举，而这壮举不仅需要无畏的勇气和魄力，还需要智慧和胆量，开拓与风险是前进的两个车轮，成功和挫折是飞翔的两翼翅膀。不要为一时的胜利欣喜若狂，不要为一时的挫折而泣涕哀伤，前进的航船总是在波峰浪谷间穿行，攀登的路不会平坦，还会有风沙阻挡，站在看台上哀声叹气，何如走进紧张的比赛场，在一旁满腹的牢骚，何如投身改革的海洋，暂时的云雾定会过去，明天还会有一轮明媚的朝阳。紧紧抓住这时代的纤绳吧，有多少成熟的畅想，就有多少成功的辉煌！

■ 赏 析

我们走在"改革的路上"，"脚下坎坎坷坷充满路障"，你的心灵里有了凄楚彷徨。"远方的呼唤"无比悠长，让你重新贮满力量，去创造"那片歌的世界和掌声的海洋"。

自然界有寒来暑往，前进的路有平坦与荒凉。"追求的目标"永远都在前方。我们本不必惧怕"眼前的泥泞"，也不必为一时的超越而欣喜若狂。

坦然对待今日的阴郁，热切盼望明日的艳阳。让"开拓与风险"促使我们前进，让"成功和挫折"帮助我们飞翔。改革开放的路，必将被洒满星辉月光！

■ 给自己一个笑脸

>> 艾明波

给自己一个笑脸好吗，让来自于心底的那份执著，鼓舞着自己插上长风的翅膀过尽千帆；让来自于远方的呼唤，激励着自己带着生命闯过难关。只要心中的风景不凋零，即使在严寒的冬季，生命的叶子也不会枯黄腐烂。

那天，看到妻面对衣柜上的镜子微笑，无意中我感到妻的笑是那么妩媚那么动人。其实，我对妻的笑是再熟悉不过了，而今天看来却觉得有些陌生的美好。想来想去顿有所悟；原来，这一笑是妻子为她自己而笑的，是她自己给自己一个笑脸。于是，我也尝试着给自己一个笑脸，于是自己的笑便也灿烂起来。

是呵，当我们面对困惑面对无奈，是否该悄悄地给自己一个笑脸呢？

给自己一个笑脸，让自己拥有一份但然；给自己一个笑脸，让自己勇敢地面对艰险。这是怎样的一种调解、怎样的一种豁达、怎样的一种鼓励啊！

独步人生，我们会遇到种种困难，甚至于举步艰难，甚至于悲观失望。征途茫茫有时看不到一丝星光，长路漫漫有时走得并不潇洒浪漫。这时，给自己一个笑脸好吗，让来自于心底的那份执著，鼓舞着自己插上长风的翅膀过尽千帆；让来自于远方的呼唤，激励着自己带着生命闯过难关。

因为，只要心中的风景不凋零，即使在严寒的冬季，生命的叶子也不会枯黄腐烂。

人在社会上生活，总免不了遇到挫折，遇到风险。别慌！面临着再大的灾难，也别忘了给自己一个诚实而坚强的笑脸。那么，勇气就会延长，痛苦就会缩短。

战胜苦难，首先要战胜自己；战胜自己，就要有一个执著的信念；只要信念不老，人生就会在追求中永驻春天。

给自己一个笑脸，让自己变得不再孤单；

给自己一个笑脸，那样目标就不再遥远。

■ 赏 析

征途茫茫，长路漫漫，沉沦失望，凄愁痛惜，甚或举步维艰，泪流满面，这些都可能在年轻的脸上抑或心灵上，雕刻出深深的皱纹。当纵横的皱纹蔓到人的各个角落，人将是怎样一种心情？

对镜自照，给自己一个笑脸，便是一种超然、一种豁达和鼓励。这种超然、豁达和鼓励是不避苦难，是生命的直觉和本能。

想想，每个人都有必走的路，必做的事，和必见的人，一切都有着某种必然！给自己一个笑脸，一切都好！

■ 高举起，中国的手

>> 虞荣舜

　　举起一丛丛振兴图强的信念之光，挺起一副副强劲结实的民族傲骨。看！葛洲坝在泄洪闸的惊涛中，已奏起大禹未竟的壮丽乐章；通讯卫星在揽月追日的呼啸中，频频刷新令夸父惊叹的绝响；诅咒与讴赞交汇汹涌的东方河，被漫延成黄色文明的历史绶带；亚运圣火的瞩目火焰，燃尽了"东亚病夫"的屈辱陈迹……

　　兵马俑雄壮的操练声，撞击着中国文明的史页。信息爆炸的大洋浪潮，拍打着漫长开放的海岸线。960 万平方公里的每一棵草木，每一座山峰，都在大地和蓝天的寥廓中思考和伸展——

　　举起我们黄肤色的手吧！

　　举起一丛丛振兴图强的信念之光，挺起一副副强劲结实的民族傲骨。

　　看！葛洲坝在泄洪闸的惊涛中，已奏起大禹未竟的壮丽乐章；通讯卫星在揽月追日的呼啸中，频频刷新令夸父惊叹的绝响；诅咒与讴赞交汇汹涌的东方河，被漫延成黄色文明的历史绶带；亚运圣火的瞩目火焰，燃尽了"东亚病夫"的屈辱陈迹……

　　在缅怀先烈的肃立注目礼中，信念伴着国旗冉冉升起。从血泪和磨难中泡大的眼睛，没有一对是哀怨的。拿斧头和镰刀壮实的大手，没有一双是泥捏的！

呵，在响彻云霄的《国际歌》声中，举起吧，我们自信而强健的手，古老而年轻的炎黄子孙的手！

为圆明园废墟的耻辱打上最终的句号，为虎门炮台的悲壮交响行一次庄严的敬礼，为卢沟桥怒吼的石狮作一次深情的抚摸，为九龙壁图腾的壮飞抹一笔点睛的亮色。

共和国大厦的雄伟脚手架，在我们森林般的手中崛起升高，……

■ 赏 析

高举起，中国的手，举起"一丝丝振兴图强的信念之光"，举起一排排自信强健的华夏神剑。我们从屈辱的近代史中站起来，斩断侵略者的贪婪，斩断侮蔑和流言……

高举起，中国的手，挺起"一副副强劲结实的民族傲骨"，挺起一座座古老而年轻的炎黄脊梁，从灿烂的古文化中走出来，支撑当代中国的宏伟大厦，支撑鲜艳的五星红旗……

你听，"兵马俑雄壮的操练声"，葛洲坝的壮丽乐章，你看，"卢沟桥怒吼的石狮"，我们森林般的手臂！

东方，升起了一轮壮丽的朝阳……

■ 高举理想的旗帜

>> 陈 浩

不要畏惧螳螂的疯狂，那是覆灭前的挣扎；不要怜悯苍蝇的哀鸣，那是碰壁后的悲泣！当东风驱散了遮天的浮云，当阳光赶走了蔽日的阴霾，当岸礁击碎了肆虐的浊浪时，历史将无可辩驳地证明：未来属于共产主义！

从第一个猿人走出原始森林，到航天飞机冲破地心引力；从陈胜、吴广揭竿而起，到五星红旗飘扬在祖国的天际，"理想"——这一古老而年轻，平凡而伟大的主题，演绎了多少动人的传说，创造了多少辉煌的业绩。它是奠于社会文明大厦的一块永恒的基石，它是注入人类历史海洋的一条不竭的关系。

理想，存在于每个人的心里，它指引着灵魂之舟的航向，它决定着人生价值的高低。

贪婪者的"理想"是无度的攫取；混世者的"理想"是苟且的安逸；无私者的理想是慷慨的奉献；献身者的理想是不懈的搏击。究竟什么是理想的定义？究竟什么是人生的真谛？古往今来，哲人浩叹不已，志士求索不息。

终于，冲破了19世纪伦敦上空的迷雾，人类第一次校正了自己理想的坐标系——共产主义如火红的战旗，飘扬在全世界无产者的心里。

从此，历史开创了崭新的纪元，"理想"获得了真正的涵义：为大多数人的幸福而奋斗，为全人类的解放而进击。从南湖游船的灯光，到刑场上的婚礼；从叶挺千古绝唱的"囚歌"，到雷锋金闪闪的日记……沧海横流，英雄本色不变；乱云飞渡，战士信念不移！

不要畏惧螳螂的疯狂，那是覆灭前的挣扎；不要怜悯苍蝇的哀鸣，那是碰壁后的悲泣！当东风驱散了遮天的浮云，当阳光赶走了蔽日的阴霾，当岸礁击碎了肆虐的浊浪时，历史将无可辩驳地证明：未来属于共产主义！

■ 赏 析

理想的旗帜飘扬在人们的心里，"指引着灵魂之舟的航向"，"决定着人生价值的高低"。当代社会，理想的定义是追求共产主义的真理，开辟共产主义的天地。

为了实现理想，红军走过了二万五千里的崎岖，革命者的鲜血洒遍了祖国的每一寸土地；为了实现理想，创业者奉献了毕生的精力，人民在中华前进的道路上留下了坚定的足迹。

理想的旗帜飘扬在人们的心里，指引着灵魂之舟驶向共产主义，让你的人生在史册上刻下了光辉的一笔！

生命的乐章

>> 李云龙

忽然只觉得一股无比的生命的力注入我的心海，涌起"黄河之水天上来"的排空巨浪，发出"决昆仑"，"触龙门"的轰天巨响，惊雷般高奏着生命的音乐，回旋激荡于天地之间……

春天是迷人的。我在春日里寻寻觅觅，拾得不少珍宝。其中，最使我倾心的是一组生命的音乐。

庄稼苗破土而出的时候，我回到故乡，望着无边的田畴，发现处处都是奇迹。我看见一颗颗刚刚顶破地皮的嫩苗，那般纤弱的苗尖，竟顶着一片片黄土，甚或一块块顽石。虽然那黄土片儿，顽石块儿并不算大，可是对于刚出上的幼苗来说，那就堪称是大山了。这是怎样悲壮的景观呀！然而尤其动人心魄的是，当我刚要蹲下来仔细察看时，有不少黄土片儿顽石块儿纷纷被顶翻掀落，透明的褐色或鹅黄色幼苗昂然而立，威武坚挺得就像是顶天立地的斗士。我终于感动得哭了，久久不忍离去，凝视着，沉吟着，玩味着这可歌可泣的抗争和搏斗，不屈不挠的意志和浩气，忽然只觉得一股无比的生命的力注入我的心海，涌起"黄河之水天上来"的排空巨浪，发出"决昆仑"，"触龙门"的轰天巨响，惊雷般高奏着生命的音乐，回旋激荡于天地之间……

那天，神似喇叭和唢呐的泡桐花直把我醉得晕晕乎乎，歪歪斜斜，好不手舞足蹈。一年一度泡桐花，开成一朵朵一串串一簇簇一团团，实在是都开狂了开忙了！我自信是泡桐花的知音，知道它为何开得这般高兴。那是因为它又看到了从沉睡中醒过来的大地，又看到了鲜嫩鲜润鲜翠的春天，又看到了春天所创造出的生命和生命的力，特别是又看到了经过无数次阵痛而出生的生命和生命的力是多么的不容易！因而千千万万朵泡桐花，万万千千只喇叭和唢呐，就像早就把贝多芬、莫扎特、肖邦、舒伯特等盖世大师的一阕阕不朽的乐章烂熟于胸，一齐对着蓝天，对着山川，对着人间，以其恢宏奔放的情怀，吹奏着生命的狂想曲，激扬着生命的旋律，向天地人倾诉着生命的意义，表达着生命"曾经奋斗，曾经痛苦，曾经流浪，曾经创造"，警示着生命的真谛是创造，"唯有创造才是欢乐，唯有创造的生灵才是生灵"，"创造是消灭死"，呼号呐喊着生命永不绝望，生命是永久永久存在的。

■ 赏 析

看呵，处处都是生命的奇迹！

侧耳倾听那嫩芽破土的声音，默默凝视那"透明的褐色或鹅黄色幼苗昂然而立"的姿态，任"一朵朵一串串一簇簇一团团"泡桐花将"我"醺醉，这"生命的音乐"排空巨浪般冲"我"袭来"，我"简直快要招架不住了。

"经过无数次阵痛而出生的生命和生命的力是多么的不容易"！也正因如此，它才拥有了强悍的横亘古今的音韵，才拥有了"永不绝望"的生命的呼号和呐喊！

亮在需要处

>> 王安雄

生活让你成了一支烛光，你就亮在需要你的某一处暗室里或幽洞中。将你的那束温弱的光芒，毫无保留地献给生活在那里的生命，让处在暗处的眼睛增加几许光明，世界会因你亮丽的存在，弥补了太阳和月亮照耀时的疏忽和不足。

既然你选择了做一片洁白的云，就亮在湛蓝湛蓝的天空上，亮在千千万万双眼睛里。你不必介意人们这样或那样地看待你。重要的是，要将你的那一方天空的风景编排好，将你的烘托朝霞映衬夕阳的事做好，将你的汇集雨意凝聚雪情的事做好。既选择了云，你的事业免不了有浓有淡；你的位置免不了忽而被风抬得高高，忽而被大气压压得低低；你的声名也就免不了被人议论为晴也有你，阴也有你。要紧的是，你要把洁白的魂魄终身系在云里，把你的自由意志化作莽莽乾坤的一片风景，以无愧你头顶上那一片天空的信赖，无愧你脚下的那一片土地的支撑。

生活让你成了一支烛光，你就亮在需要你的某一处暗室里或幽洞中。将你的那束温弱的光芒，毫无保留地献给生活在那里的生命，让处在暗处的眼睛增加几许光明，世界会因你亮丽的存在，弥补了太阳和月亮照耀时的疏忽和不足。

倘若你确定自己只是一块无华的石头，何必苦苦期待有一天由一双巨手将你砌进富丽堂皇的宫殿里，不妨亮成一块实实在在的铺路石，和泥土紧紧粘在一起，让孩子、青年和所有需要你的人，踏着你的肩头前行。即使你的名字不为众多的人所知晓，即使影视屏幕永远不将你的光彩显示，你也无愧你坦荡的一生。

■ 赏 析

假如你选择做一只风筝，就不要在意讥讽和嘲笑，而要"亮在湛蓝湛蓝的天空上"，将天空点缀成眩目的风景，实现你存在的价值。

假如你选择做一棵小草，就不要在意鄙弃和践踏，而要亮在荒芜的原野上，将原野装扮成长满希望的土地，表露你生命的美好。

假如你只是一个平常人，就不要担心无用和凡俗，而要亮在多彩的世界上，将世界描画成光辉的图景，展示你独特的风采。

相信自己，你可以发光。请"亮在需要处"，"无悔你坦荡的人生"！

■ 谁与我同行

>> 严忠付

没有泪水的人，他的眼睛是干涸的；没有梦的人，他的夜晚是黑暗的。

上初中时，学校每周总有二三晚的实习课。家中离学校有三里来地，白天不觉难，一蹦两跳便到了学校，夜晚就怵然了。

过一片稻田，翻一座山岭，而过岭是极惧怕的。一条窄窄的山道，铺着青石，是乡村车行的路，两旁是过人的小树林，风一吹来，飒飒作响。间或林子里有夜莺和爬行动物鸣叫，全身毛孔大张，一身冷汗。有月亮时，从密密的枝桠间透出些淡淡的光亮来，洒在青石路上，行来可稍见轻松些；若遇伸手不见五指的夜晚，心口便如兜着一只小兔。

这时就想起母亲的话来，将头顶的发毛尽力往后梳，露出亮亮的额头来。母亲说，年轻人额头有团火，能驱妖逐魔。走夜路最怕的是碰上"鬼"这东西，尽管谁也没见过。总之，晚上实习归来，见四周漆黑，便无端想起了"鬼"来。

父亲见我害怕，便说：胆是锻炼出来的，你应该时时想到你是男子汉。

一晚实习回来，刚上山岭时，便见前面几十米远的地方，有个火把在移动。我高兴极了，心里也不再有了惧怕。我加快步伐，想赶上那火把，结伴过岭。谁知我的步子加快时，那火把移动的速度也加快了。

我的心顿时一阵惊跳。莫不是碰上了老人们说的"鬼火"。夏天纳凉,老人们常说鬼的故事,都说荒郊野外有鬼火出没。一时间,我仿佛肩上压有千斤重担,两腿发软,寸步难移。

想到父亲的话:你是男子汉,我多少鼓了些勇气,艰难地一步步朝前走去。但当我放慢了脚步时,火把也放慢了移动的速度,始终与我保持几十米的距离。

下了山岭,便可见人家灯光了,我也松了一口气,一摸额头,却是一头的冷汗,深知那是吓的。下了岭走在平阔的田野上,那火把便在我眼前消失了。

回到家中,我把这件事告诉了父亲,父亲却不以然地说:"世上根本就没鬼,夜晚的鬼火,是磷火。你在学校应该学过的,有甚害怕的。"

以后,我每次晚上回来,都能见到山岭上一个火把走在我的前面。我虽然害怕,但我壮着胆子跟在后面。它终究没有伤害于我,并照亮我夜行的路,渐渐地,我便不再害怕了,我想那是与我一样夜行的路人。

那天,我告诉父亲,我不怕独自走夜路了。我甚至渐渐地感觉出夜行的快乐来——万籁俱寂,抑可虫鸣蛙叫,都有一份怡人的意境。这是不敢夜行之人所体会下来的。

从那以后,火把便在我夜行时消失了。毕业后,母亲告诉我,那是你父亲打的火把。

■ 赏 析

那是怎样的一段行程呵,那山岭,那时时相伴的火把,都曾经在我的心中烙下那么深的恐惧的影子,但"父亲"的话语始终激励着"我",并使"我"最终鼓起战胜自我的勇气,"我"不再害怕走夜路了,"过一片稻田,翻一座山岭",让淡淡的月光泻满"我"的额头,让"虫鸣蛙叫"铺满"我"行进的道路……

有过这么一段经历,还怕人生之路的漫长、荒芜和恐怖吗?

■ 对自己说 "不要紧"

>> 贝特曼

人生在世，有许多事情是要紧的。我们的价值和我们的荣誉是要紧的。可是也有许多使我们的平和心情和快乐受到威胁的事情……

有一次，一位高明的教育学教授在我们班上说："我有句三字箴言要奉送各位，它对你们的教学和生活都会大有帮助，而且是可使人心境平和的良方，这三个字就是：'不要紧'。"

我领会到他那句三字箴言所蕴含的智慧，由于我容易感到受挫折，于是我便在笔记簿上端端正正地写了"不要紧"三个大字。我决定不让挫折感和失望破坏我的平和心情。

后来，我的新态度遭受了考验。我爱上了英俊潇洒的杰克生。他对我很要紧，我确信他是我的白马王子。

可是有一天晚上，他温柔婉转地对我说，他只把我当作普通朋友。我以他为中心的构想世界当下就土崩瓦解了。那天夜里我在卧室里哭泣时，觉得记事簿上的"不要紧"那三字看来简直荒唐。

"要紧得很，"我喃喃地说，"我爱他，没有他我就不能活。"

但翌日早上我醒来再看到这三个字之后，我就开始分析自己的情况：到底有多要紧？杰克生很要紧，我很要紧，我们的快乐也很要紧；但我会希望和一个不爱我的人结婚吗？

日子一天天过去，我发现没有杰克生我也可以过活。我仍然能快乐，将来肯定有另一个人进入生活。即使没有，我也仍然能快乐。

我能控制我的情绪。

几年后，一个更适合我的人真的来了。在兴奋地筹备结婚的时候，我把"不要紧"这三个字抛到九霄云外。我不再需要这三个字了，我以后将永远快乐。我的生命中不会再有挫折失望。

年轻人多天真啊！结婚生活和生儿育女不会有挫折失望？这当然不可能。有一天，我的丈夫和我得到一个坏消息：我们曾把我们的积蓄投资做生意，但这笔钱赔掉了。

丈夫把信念给我听之后，我看到他双手捧着额头。我感到一阵凄酸，胃像扭作一团似的难受。我想起那句三字箴言："不要紧"。我心里想："真的，这一次可真的是要紧！"

可是就在这个时候，小儿子用力敲打他的积木的声音转移了我的注意力。他看见我看着他，就停止了敲击，对我笑着，那副笑容真是无价之宝。我把视线越过他的头望出窗外，两个女儿正在兴高采烈地合力堆沙堡。在她们的后面，在我家院子外面，几株槭树映衬着无边无际的晴朗碧空。我觉得我的胃顿时舒展，心情恢复平和。不久，我还感到自己的微笑。于是我对丈夫说："一切都会好转的，损失的只是金钱，实在并不要紧。"

人生在世，有许多事情是要紧的。我们的价值和我们的荣誉是要紧的。可是也有许多使我们的平和心情和快乐受到威胁的事情，实际上是不要紧的，或者不像我们所想象的那样要紧。要是我能永远记住这一点的，多好！

■ **赏 析**

人生在世，难免有忧愁烦闷缠绕心头，如何正视自己，如何面对各种各样的挫折，是实现生命完美的首要抉择。

　　踌躇于生活的每一个空间，于阴霾、恶劣的环境之中，怎样才能把握一个良好的心态呢？怎样才能处事不乱、心留余白呢？牢记"不要紧"三字，敢于扳倒自我的痛苦和怯懦，自由驰骋于生命的浪头，不屈于命运的挑战，不屈于自我。唯有这样，你才能成为生命的强者！

风景这边如画

>> 远方

也许费去了太多的时光，也许用尽了所有的力量，成功的领奖台已被先行者站上，可是，一种品质有时会比一种成就更加辉煌。如果不能为你的成功庆贺，那就为你的品质干杯。

在通往未来的人生岔口，你坚定地选择了这条小路。路的那边是风和日丽，曲径通幽？还是急风残月，河边断桥？你无从知晓。

带着美好的理想，带着远征的行装，林中的风景让你赏心悦目，信心剧增，瞧，多好的风景！

走过了阳光，走进了树林，天地间瞬时雷鸣电闪。没了伸延的小路，也没有遮雨的布伞，茫茫的荒野只是泥泞和黑暗。

于是，你开始迷惘忧虑，懊丧不已，后悔当初没有走上岔口那边的小路，那片风景中也许会是花好月圆，阳光灿烂。

然而昨日的太阳已落，失去的风景已过，生命的旅途没有回返的路程。你已没有了选择，也不能过多的犹豫，你只能依靠着信念走出这泥泞的雨地。

也许你会错过一段季节，也许你会迷失一段方向，错过了太阳，你还会迷失月亮吗？

也许还有荒漠沼泽，也许还有雨雪风霜，对于坚强的信念，艰辛也是一道绚丽的风光。

也许费去了太多的时光，也许用尽了所有的力量，成功的领奖台已被先行者站上，可是，一种品质有时会比一种成就更加辉煌。如果不能为你的成功庆贺，那就为你的品质干杯，你的品质就是你未来成功的预示。走过了一段人生，你还会再彷徨犹豫吗？

▇ 赏 析

也许你选择这条路的时候，并没有想到会有风雨雷电与泥泞黑暗，所以后来才将命运抱怨，悔恨没有走向另一边。

然而，回首之时，你已找不到来时路。你只能沿着这条路一直地走。即使前方有"荒漠沼泽"，有"风霜雨雪"，也不能逃避，而要坚强的面对，有了信念和理想，风景会变得灿烂美好。

时光流逝了，力量用尽了，成功却还没有来到。你不必懊恼，因为你在苦难中所显出的品质比成功更重要。继续前进吧，成功在前方向你招手！

■ 揣好梦想上路

>> 黑马白浪

梦想，是最初牵引你上路的激情，也是鼓励你赶路不止不变的鞭策，更是支撑你倒下也不屈失败不失落的寄托。

也许我们每天夜晚最应该做的反省就是：明天要到哪里去？

也许我们每天早晨最应该做的决定就是：上路，迈步前行。

只是上路时别忘了揣好梦想。

梦想，是飘浮在心头上的一缕美丽的诱惑，它使平凡的你再也不能容忍往日的庸俗和无聊，蓦然间悟得了日子应有的诗意与挥洒诗意的抉择。

揣好梦想上路，路的坎坷便是平仄，坚实的足音便是对这种平仄的吟唱！

梦想，是豁亮在眼前的一帧灿烂的惊奇，它使渺小的你再也不肯在卑微中空耗和压抑本来的生机，油然涌起的是天高地阔的境界和魂牵这种境界的渴望。

揣好梦想上路，路的尽头便不会缥缈，跌撞的身影也不会无奈。

梦想，不会轻轻松松变成收获被捏在你的手中，但执著的赶路人分明能真真切切聆听到它遥远的呼唤，这种呼唤铭刻于内便是神圣的使命。

梦想，也不会红红火火变成荣誉从天而降于你的小屋，但忠实的赶路人分明能实实在在感受到它真挚的回报，这种回报融入热血便是更为刚毅的责任。

梦想，是最初牵引你上路的激情，也是鼓励你赶路不止不变的鞭策，更是支撑你倒下也不屈失败不失落的寄托。

走过的路，是回忆中的梦想；梦想，是还未走过的路。

揣着梦想上路，踏出一路风光。

揣着梦想上路，无路也有希望。

■ 赏 析

揣好梦想上路，在艰难的跋涉中偶尔望一望天，会有一缕流云召唤你大步向前，让你拥有力量，傲视险壁陡岩。

揣好梦想上路，在极度疲乏时抬头望一望远，会有几只海燕呼喊你鼓起风帆，让你气贯长虹，驶出这一片险滩。

梦想很遥远，不会轻易成为现实落在你身边；梦想很灿烂，使平凡的你涌起对前程的企盼。

有了梦想，你才会上路，踏出坚实磨平坎坷；有了梦想，你才会启航，搏击风浪驶向彼岸。

■ 本场最佳球员

>> 斯 蓓

我们年轻，我们拥抱春天，更不会拒绝风雪！

1991 年 12 月的一天晚上，美国俄克拉荷马州州立大学男篮牛仔队正在进行赛前准备，教练萨顿带来一个推着轮椅的男人，上面坐着一个男孩。教练说："介绍一下，他是个男孩叫斯考特·卡特，这是他爸爸麦克。"

那男孩热情地跟队员们打招呼。他带着一副黑边大眼镜，光头上扣着棒球帽，他很瘦，左腿已经锯掉了，装的是假腿。这个律师的儿子，刚满 12 岁。他特别喜爱运动，但不幸的是他一年前患了骨癌，被锯掉了左腿。

一周后，牛仔队跟斯奇托贝大学比赛，助理教练看见麦克正带儿子向观众席上挤，就跟教练说，"让斯考特坐在咱们运动员的长凳上吧"。教练欣然同意。男孩高兴得不得了。

以后，孩子就总是坐在牛仔队的长凳上观看比赛，他每场比赛都要评出自己认为的"本场最佳球员"，还做了一批不干胶条，上面写着"斯考特的本场比赛最佳球员"，每场赛后他都根据队员的表现颁发出一两个"不干胶奖状"。球员们都很珍惜这种荣誉，把它贴在自己的更衣柜上。比一比谁得的多。

1992 年 2 月，牛仔队在全美大学生男篮联赛中排名上升到了第

2 名，可不久因主力前锋休斯敦伤了脚，他们连输 4 场。对强敌内布拉斯加州州立大学队赛前，斯考特在休斯敦面前坐下来，问他："这场比赛你还不能上吗？"休斯敦摸着自己肿着的脚腕低声说："不能。"孩子开玩笑："如果你不能，我想我能上去比赛。"休斯敦禁不住笑了，可随后他感到了这个玩笑对他的刺痛。他看到这个失去了半条腿的男孩的坚强和支持，于是他说："我要上去打一场好球，为了你。"

休斯敦崴上去了，结果他独得了 17 分，牛仔队也以 72∶51 大胜对手。赛后，斯考特摇着轮椅进了更衣室，说："今晚我要把奖授给那个本该养伤却上场比赛的家伙——休斯敦"。休斯顿听了热泪盈眶。

这一段时间也是斯考特身体状况最好的时候。他可以架拐走路了，拍出的片子也没有发现新肿瘤。如果能这样再持续一段时间，化疗也可以停止了。但不久医生又报告了坏消息：他的脊椎上又发现骨癌。卡特夫妇听了很悲痛，而斯考特听了却很平静。他说："妈妈，咱们不该对这件事垂头丧气。"

此事对牛仔队的打击很大，教练萨顿想为他做点儿什么特别的事，就给他寄去一件牛仔队的练习服。斯考特收到后马上给萨顿打电话："这回我猜我真是牛仔队的队员了。"萨顿安慰他说："你永远是我们队的队员，因为你身上有着运动员的顽强精神。"

1993 年 2 月一个寒冷的晚上，牛仔队客场迎战密苏里大学队，终场结束前两秒，牛仔队 61∶64 落后，这时中锋吉布斯 3 分区外得球，远程发炮命中，64 平！最后牛仔队以 77∶73 获胜。赛后，吉布斯想跟斯考特说说自己的感受，感谢一下他对自己羞怯性格的帮助，可斯考特此时已再次住进了医院。

斯考特的病情进一步恶化了。癌细胞已进入了脊椎，他腰部以下瘫痪了。接着大脑和肺部也发现了癌肿。牛仔队全队乃至队员家属列队来医院看望他，这时抑制大脑癌细胞增长的药使斯考特讲话的速度都减慢。第二天，牛仔队主场迎战劲敌普罗维登斯大学队，上半场全队紧张得要命，水平发挥不出来，教练无奈地摇着头。这时，斯考特让爸爸推着轮椅赶来了，他已无力坐起，只能瘫在车上，可头还使劲支撑着，望着牛仔队的队员们。场上的牛仔队队员立即感觉到了："斯考特在这里。我们要为他打球。"牛仔队士气大振，最终以113：102战胜对手。

这是斯考特最后一次为牛仔队助威。1993年12月2日，年轻的斯考特去世了。他穿着牛仔队的队服入葬，牛仔队队员全部参加了他的葬礼。教练萨顿告诉他的队员们：斯考特永远是我们的"本场最佳球员"。

■ 赏 析

这篇散文记叙了一个患了绝症仍挚爱着篮球，最终凭着他的精神和意志，激励着一个球队夺得了一场又一场比赛胜利的故事。故事写得曲折跌宕，感人肺腑。那一个个场面，一滴滴血汗，都印证着卡特和球员们的拼搏精神和坚强意志。小斯考特虽然活了短短十几个春秋，但却胜似百年。作者以饱蘸感情的笔墨，叙述了这个感人的故事，给我们以生活的启迪，拼搏的勇气。

■ 何时才能洒脱走一回

>> 舒 平

情绪的低谷与情绪的高峰似乎像是只隔了一层纸那样近。而自己却无法去撕破它，压抑的心情是这般地难以忍受，使我倍受煎熬。

我已经在人生旅途上走过了二十个春秋。现在还在高三年级复习。高考想榜上有名也许是种过高的奢求。现实残酷地摆在我面前：学习成绩下下等，升学几乎无多大希望，对学习毫无兴趣，思想呆板且庸懒。这是多么可怕的现状啊！

每天的日记本上总是流露出消极的言语，虽然时有豪言壮语，却总是成了可笑的"说大话"。仅仅在学友之间留下笑柄。我的心理也许不健康，这些年来，性格一天比一天孤僻。怕见熟人，甚至陌生人，也怕见女同学，自己把自己轻视得几乎一文不值。有时真想一死了之，只感到自己于社会他人无任何益处，自己的存在反而给别人带来了无尽的烦恼、担忧。活着无所作为，死了却担心辜负父母的养育之恩。活着真痛苦，学习学不好，玩乐却又玩不愉快。看过许许多多的书，却还不能切实解脱我的所有烦恼。我很孤独！我的交际圈太小了，寂寞得使我感到悲哀和忧愁。我把世间看得十分美好，以真诚去对待每个朋友，可我得到的真情的回报却不多。学业上的挫折，生活中的坎坷，都已太多太多了。我已无法承受上百上千次失败的磨炼，我是生活中的多余之人。我常对天长叹，为什么人间精神上的痛苦我拥有的那么多?!

我也曾高傲，把学习看作是一件很简单、很容易的事情。认为只要自己有强烈的求知欲，没有什么学不好的事。我曾自不量力地想象自己将来定成为一名影响全球的伟人，让世界在我的"统治"下变成全人类真正自由、平等的共和大家庭。而现在，我对什么也不感兴趣了，真是"当一天和尚撞一天钟"了。在学习上没有自觉性，没有进取心，怕遭受痛苦的求学历程。可笑的是，我竟梦想自己能有朝之日，一夜间成为博学多才、受人尊敬和爱戴的人！

我是多么想能多些朋友啊！可是愿交我这种人做朋友的真是太少了，这就是我性格的缺点，也是我命运的悲哀啊！

情绪的低谷与情绪的高峰似乎像是只隔了一层纸那样近。而自己却无法去撕破它，压抑的心情是这般地难以忍受，使我倍受煎熬。

何时命运之神还我个潇洒、大方、乐观、开朗，让我抛下所有忧郁、烦闷，做一个洒脱男儿。

■ 赏 析

人生二十，正是"初生牛犊不怕虎"的时代，正是"手拍胸脯子"的朝代，也正是"不知愁滋味"的时代。

人生二十是多彩多梦的季节，前程似锦绣，人在画中游。为生计时，可到中流击水，拼个昏天黑地，该潇洒时，学会解脱，玩个痛快淋漓！

学会乐观、学会大方、学会开朗、学会潇洒，让忧郁、烦闷、压抑、痛苦统统见鬼去吧！命运之神，主宰在己，千锤百炼，铸就金刚一尊。这样，功成名就会有时，洒脱男儿更洒脱。

■ 冬日旅行

>> 子　月

女人，哪怕再漂亮，也不能成为一个男人沉重的负担，否则他会心生怨恨，会希望扔掉"包袱"。

读大学的时候，我迷恋旅行，有一年寒假，突然起了兴致，决定去山区走走。

一般来讲，这样的事情我都是单独行动。因为任凭本人怎么样鼓动如簧之舌，同学们也不肯响应，就像专门跟我作对似的，异口同声说要"回家过年"。

但这一回我竟得了伴，有个爱好体育的小伙子说自己一向只在暑假旅行，这次换换口味。另一个好奇心挺大的漂亮女孩，也跟着他加盟进来。这两位是同班同学，瞧上去挺般配的，像一对恋人。

我们一行三人就这样上路了。

山中旅行，听起来浪漫，走起来不过是上山下山，再上山下山如此循环罢了。山里天气多变，说不定什么时候就会碰上一场雨夹雪。

那片山区人烟稠密，村与村之间的距离最远不过十几里。过了中午，我们便拣个较高的山头了望，看到炊烟便朝那里赶。所以我们总能找到投宿的村庄。山里人纯朴，看了我们的学生证，就把我们当大人物对待，给吃给住还不太肯收钱。有时候，我们还和走亲戚的山民一块儿上路。

所以，我玩得挺开心。若不是那女孩顶不住了，这一个寒假大约都会泡在山里。记得第一天走了没多久，那女孩的行李就落到小伙子身上。后来则落在我身上——她走不动了，小伙子只好架着她往前行。

一个骄傲美丽的女孩子，到了这一步真是狼狈。幸亏小伙子肯负责，虽然她自己都开了口，还是不肯把她留在山村中："不行！怎么能丢下你一个人？反正汽车开不到山里，你要回去，非得靠自己两只脚走，走到通公共汽车的下一个镇上。"

可若是以为经过如此这般同甘共苦，他们两个会多么缠绵浪漫那又大错了。几乎是一路走，小伙子一路诅咒，反反复复对我说："记牢点，以后出来，千万不能带个女的，瞧瞧，简直是个废物！"那女孩儿听得落眼泪。开头，我还暗暗得意，后来终于恼怒起来，大声道："有没有搞错？我也是女的！"他一愣："你不同，你能自己走。"

一瞬间，我明白了一个其实简单的道理：女人，哪怕再漂亮，也不能成为一个男人沉重的负担，否则他会心生怨恨，会希望扔掉"包袱"。

我们只是在一段山路上同行。想想吧，人生的路，比那冬日山路不知要艰难多少倍！而我们却只能靠自己走下去！

■ 赏 析

"人生的路，我们只能靠自己走下去。"

你不可能有别的选择的余地，你不可能依赖别人的肩膀，生活中虽说有"缠绵和浪漫",但生活中最主要的部分还是要学会独立，独立的人生，独立的人格，独立的完美。

　　过分的奢望最终会失掉自己，过分的苛求最终会扼杀美丽。

　　竖起自己的骨头，挺过严寒的袭击，在春天的边缘，绽放出属于自己的美丽！

■ 悬崖上的草莓

>> 广　健

他在瞬间恍然大悟。这世上还有什么成功会比悬崖上的草莓更难以采撷？而他所凭借的，无非是勇气、智慧、心中的渴望、充足的准备和锲而不舍。而历尽艰险得来的成功，会如悬崖上的草莓，有格外的甘甜与芬芳。

他仿佛是天生的失败者——求学、创业、觅职，从未天遂人愿。胸中万千梦想，都只是七彩的肥皂泡，瞬间破灭。

那年春天，他的失意到达顶点，他甚至想就此结束自己的生命。有人告诉他：在深山云深不知处，有一位高僧掌握人间成功的秘诀。

他滔滔不绝地倾吐着自己的痛楚，高僧却只漫不经心抬手："那边悬崖上有一丛草莓，你去给我采下来，我便告诉你该如何得到你的梦想。"

山并不高，却极其陡峭。悬崖冰冷伫立，青苔滑腻，那一簇小小红灯，看上去仿佛可望而不可即。

他不禁望而生畏，脱口而出："我怎么爬得上去呢？"但高僧已闭目合十，不再理会。

他在悬崖下冥思苦想，始终想不出好办法，不由心烦意乱。想，或许高僧是骗人的吧，干脆算了，却又明知，这是自己最后的机会。

他沉下心来，回去买来地图，对整座山认真研究，发现它的南面比较平坦，是最佳的途径。他参加了爬山学习班，购置了登山器械，信心十足地开始攀爬——还不到三分之一，他不得不力竭而返。

抚着酸痛的四肢，他心灰意冷，却在朦胧月色里，依稀看见远处的草莓。

他每天更积极地锻炼身体，加大运动量，又向名师请教自己错在何处，之后，他开始第二次向顶峰攀登。

失败仍仿佛不可避免，但他心中却再也没有沮丧与愁苦。因为这一次，他离山头已不过几步之遥。

终于在第三次，他掌中盈满草莓的娇嫩与芳香。他急切地问："大师，现在你可以告诉我成功的秘诀了吧？"

高僧只将草莓纳入口中，微笑，"很甜！"然后反问，"咦，你不是已经成功了吗？"

他在瞬间恍然大悟。这世上还有什么成功会比悬崖上的草莓更难以采撷？而他所凭借的，无非是勇气、智慧、心中的渴望、充足的准备和锲而不舍。

而历尽艰险得来的成功，会如悬崖上的草莓，有格外的甘甜与芬芳。

■ 赏 析

那"草莓"不就是一盏希望的明灯吗？它在你的上面高高地悬着，你想要取它的"甘甜"，就必须首先战胜自己。

·失败者往往是缺乏战胜困难的"勇气、智慧"，缺乏"充分的准备和锲而不舍"的精神，当你梦想的灯盏倏然熄灭的时候，你是否认真总结过自己？

快快从失败中站起，前方正有一颗草莓等着你去采撷……

■ 生命的段落

>> 鲁 蔷

　　春的萌动，夏的奋发，秋的成熟，冬的蛰伏，自然以季节为单位发展着它的生命，季节是它生命回想曲中的每个段落。一束光、一阵风、一片叶子、一只飞鸟，是季节们彼此之间的一回眸、一顿足。正是每个鲜明的段落，才诞生了连贯充实的全过程。那么，我们生命的段落呢？

　　一阵稍大的风扫过，"啪！"清脆的跌落声传进耳膜，那是果实告别枝头的信号。秋到了。在漫漫的混沌飘游中，蓦然听到节律的时钟敲响了第三季，逝者如斯，我心肃然。惊回首，由夏而秋，由热烈而沉稳，在平滑无缝的转换前后迥乎不同的特色中，那一记瓜熟蒂落的清脆，又分明是自然生命进程中的句读。它在昭示光阴飞逝的同时，也让我突发出了"生命段落"的悟想。

　　春的萌动，夏的奋发，秋的成熟，冬的蛰伏，自然以季节为单位发展着它的生命，季节是它生命回想曲中的每个段落。一束光、一阵风、一片叶子、一只飞鸟，是季节们彼此之间的一回眸、一顿足。正是每个鲜明的段落，才诞生了连贯充实的全过程。那么，我们生命的段落呢？

　　临窗独坐，我突然有强烈的回顾欲望。拿出厚厚一叠日记，翻着。末了，既惊且愧，原来自己那种若有所失、若即若离的坏情绪已经持续一年多了。在那么长的时间里，我们一直被低沉的调子困扰着。我们渴望有所作为，却没想到始终在叹息的边缘踟蹰，几乎找不到积极努力的影子。是夜回首，才发觉在那么长的时间里，我们一直没有划分过生命的段落。没有划分，没有回顾，没有总结，没有对心绪的清除和整理，于是，我们才一再重复着前一个遗憾，并且一再悲哀地以为生活就是这样的平淡，最后连悲哀也失去了新鲜感。

让心灵永远具有"生命的段落"意识，能够使你对过去的脚步及时加以回顾和省视，知道哪儿深了，哪儿浅了，哪儿走歪了，哪儿跌过跤；明白连连的不如意责任是否都在身外，而牢骚满腹一无所获是否陷入了误区？这种意识，它虽不能包罗全部，但至少能让你比较清醒地生活，并且，由此可能引出纠正、调整、扭转、加倍努力等行为，从而使你的生命经常处在自觉有效的运行状态。

关于生命的段落，事实上我们早有不少划分的启示：星期、年月、阶段、日期……只是我们习惯于仅仅把它们当作时间的标志，而忘了利用它们来促进生命的进程。

具有"生命的段落"意识，无论在英姿焕发阶段，还是在两鬓染霜时分，都将推动生命走向充实。一个成功的人，总是懂得在现有的条件下充分展示自己，而不是只祈望另一个梦想，让自己在牢骚叹息中度过。

■ 赏 析

你是否为自己的生命划分过"段落"？

当你于生命的边缘踟蹰不前的时候，当你因厌恶生活而失去生活的时候，当你让空空落落的心绪随意飘飞的时候，朋友，你是否静下心来，回过头去，好好研读一下自己的生命履历？

认真检点过去的每一个"生命的段落"，清醒地审视一下自我，把迷失已久的脚步重新找回，让抑郁烦躁的心灵再次焕发生机……

给生命划一个段落，让"生命走向充实"！

■ 我的第一次

>> 孟繁荣

第一次站在海边，我享受到了宁静。海风吹拂着我的发，海浪一波又一波地涌来，拾起了一片小贝壳。仿佛听到了海的声音。那次，我爱上了海，爱上它的广大辽阔。人的胸怀心志，应也是如此。

人生都会经历过"第一次"，也正因为有许许多多的"第一次"，人才会长大。

第一次学走路时，心里很害怕，但那慈爱的声音，总会在害怕中响起："乖，不要怕，勇敢地站起来，到妈身边来。"当走到妈身边时，我笑了，心里也不害怕，在妈的身边是多么的温暖。

第一次上学，拉着妈妈不肯放，惊见教室有许多人，还会对我笑，及见亲切的老师，我放开了妈妈的手，勇敢地走过去。渐渐地，我知道什么叫团体，什么叫做责任，也发现了属于我的世界。

第一次参加篮球比赛，每个人都很紧张，每个人都硬拼到底，但那次比赛输了。那是一个很漫长的 40 分钟，但那 40 分钟，使我认识什么叫荣誉，什么叫做失败。

第一次买书，选了一本心爱的散文集，抛开了数学公式，坐在"快乐楼"看那感人的散文。从此我爱上了文学。文学的美，将是我一生所追求的。

第一次站在海边，我享受到了宁静。海风吹拂着我的发，海浪一波又一波地涌来，拾起了一片小贝壳。仿佛听到了海的声音。那次，我爱上了海，爱上它的广大辽阔。人的胸怀心志，应也是如此。

"第一次"是一种经验，一生还有许多的"第一次"让我去拾取，我将付出我的真爱，再迎接新的"第一次"。

■ 赏 析

人的一生必定会经历许许多多的第一次，正是因为这无数的第一次，才使人从孩提时的咿哑学语，逐渐地长大成人。

作者通过自己五个"第一次"：第一次走路，第一次上学，第一次参加篮球比赛，以及第一次买书，第一次看海，告诉读者自己经历了这些"第一次"，感受到了温暖，知道了什么叫团体，什么叫责任，体验了荣誉和失败的滋味，发现了自己一生所要追求的事业，领悟了人活着要"胸怀大志"的道理。文章立意深，它在告诫人们要珍惜"第一次成功"的同时，启示读者："第一次"成功的不易，但只有有了"第一次"，才会有以后"无数次的成功"，这是人生进取的哲理。由于作者列举了自己的"第一次"事例，读来亲切，有说服力。

■ 书香灯影伴我们悄行

>> 李 冰

　　文学是一座圣殿，一座充满美感、陶冶情操的圣殿。多少个月白风清之夜，多少个暮雨霏霏的黄昏。香茗一盏，红烛一支，或倚于枕畔，或立于窗前。遨游于历史的长河，轻吻文学的碧波。朝谒曹子建，暮访李太白。悲白娘子永镇雷锋塔，叹孟姜女殉夫哭长城。羡东坡铜板铁琶大江东去，慕清照泛舟浩渺嬉笑采莲。扬鞭策马驼铃古道，玉扇踯躅杏花江南……人类那纯洁的美、悲壮的爱展示在我们面前，使我们在这片美的天地留连忘返。

　　清灯伴影，雨打窗棂。风拂斑竹沙沙作响，宛若一曲醉人的《梁祝》轻声低诉。一座孤寂的身影伏在桌前，时而沉思不语，时而奋笔疾书，任飘泊的思绪驰骋于广袤的空间……这便是我们——一个个不知疲倦不辞劳苦跋涉于文学沙漠的小骆驼。目光，充满着期盼；目光，饱蘸着执著。只缘把那藏于内心深处的梦来圆。

　　孩提时代，从一本本精美的画册中找到了属于我们的世界。天真的眼光洋溢着好奇。长大以后，才知道文学是一座圣殿，一座充满美感、陶冶情操的圣殿。多少个月白风清之夜，多少个暮雨霏霏的黄昏。香茗一盏，红烛一支，或倚于枕畔，或立于窗前。遨游于历史的长河，轻吻文学的碧波。朝谒曹子建，暮访李太白。悲白娘子永镇雷锋塔，叹孟姜女殉夫哭长城。羡东坡铜板铁琶大江东去，慕清照泛舟浩渺嬉笑采莲。扬鞭策马驼铃古道，玉扇踯躅杏花江南……人类那纯洁的美、悲壮的爱展示在我们面前，使我们在这片美的天地留连忘返。

书，净化了我们的灵魂；文学，洗涤着我们的身心。怀着一颗颗执著的心，我们写下了篇篇稚嫩而又饱蘸感情的文字，又一次次把它放飞蔚蓝的天空，目光，满怀希冀。记不得多少次望穿秋水，也记不得多少次痛断肚肠。缪斯女神，你怎么就不能露出皓齿展颜一笑？给一个钟情你的少年一丝欣喜与鼓励？我们默默承受着心灵的负荷，无言吞咽袭来的冷嘲热讽，偶尔的成功，使人格外冷静，因为我们已饱受痛苦与挫折，人间冷暖，世态炎凉，使我们学会了稳重。我们知道，今后的路还很长，很长。曲折、坎坷仍时时伴随着我们。漫漫人生路，不变的是我们那颗对文学执著追求的心。今生，今世……因为那书香，那灯影，在永远伴我们悄行。

■ 赏 析

本文以对偶句和排比句为主，夹杂着古诗词的字句，指点江山，激扬文字，表现了一个文学青年对写作的执著追求。

在"饱受痛苦与挫折"之后，作者并没有迷失自己的方向，相反，他"学会了稳重"，执著地沿着坎坷的道路，寻找那座流光溢彩的殿堂，寻找自己心中的梦地……

■ 生命的价值

>> 高晓蔚

　　可见生命的价值在于奉献——或如石桥长久地默默地付出，或如彩虹展现瞬间的美好——只要你奉献。

　　虹看到孤单的石桥，向她说："我的大地上的姐妹，你的生命比我长久。"

　　石桥回答："你那么美，你在人们的记忆中必然是永恒的。"

　　不错，彩虹的生命没有石桥长久，石桥也的确没有彩虹美丽。但是，我认为桥与彩虹的看法都是片面的。石桥固然不美，但它长久地稳固地架于两岸之上，默默地把彼此沟通，这是它生命的价值；彩虹的存在固然只是雨过天晴的瞬间，但它那瞬间的美丽却给人们留下了永久的回忆。这同样是生命的价值。

　　正如裴多菲所说："生命的多少用时间计算，生命的价值用贡献计算。"生命是有限的，人生之途不过几十年，看看道路，我们无法无限地延长它，无法得到它的永存。但是我们可以追求美好，可以奉献自已的一切，几十年默默的奉献可以换得一种永恒；一次轰轰烈烈的壮举，一次瞬间美好的展现，也可以说是生命的永恒，所以，生命的价值不在于生命本身，而在于奉献。只要有所奉献，不管是长久的默默无闻的奉献。还是在瞬间发出灿烂的光华，这样的生命都是永恒的。

我们生活中有许多人正像石桥那样，长久地默默地奉献着自己的一切。也许你还记得《谁是最可爱的人》中描写的那次壮烈的松骨峰战斗，在那些带火扑敌的烈士中有一位名叫李玉安。然而，人们发现这位"烈士"至今还活着。他被救以后，回到家乡黑龙江，当了一名普通的粮库工人。几十年来，他一直勤勤恳恳地工作着，丝毫没有向别人透露过自己的过去。直到 1996 年，当人们知道他就是当年朝鲜战场上的英雄时，许多人大为不解，甚至为他没能得到应有的待遇而感到遗憾。李玉安舍弃了自己本可得到的各种优厚待遇，而选择了作一名普通工人，默默地奉献自己的毕生精力。这长久的默默的奉献充分体现了他的生命价值。

还有的人生命虽不长久，但就在短暂的生命中，却闪现出灿烂的火花，永久地留在人们的记忆中，这不也是他们生命的不朽价值吗？我国现代作曲家，国歌《义勇军进行曲》的作曲者聂耳，虽然只经历了人生的二十几个春秋，但是他留给我们的是民族的精魂，又有谁能够忘记他呢？大诗人裴多菲也是只走过了短短的二十几年道路，然而他的诗篇为后人世代传诵，这难道不是他生命的永恒吗？

可见生命的价值在于奉献——或如石桥长久地默默地付出，或如彩虹展现瞬间的美好——只要你奉献。

奉献便是生命的永恒，奉献便是生命的价值。

■ 赏 析

作者能够全面地看问题，开篇就指出：生命长久也罢，短暂也罢只要奉献，那么人的生命就是有价值的。作者由此联想到人，从而揭示出了人生贡献的真谛。让我们牢记裴多菲的名言："生命的多少用时间计算，生命的价值用贡献计算。"长也好，短也罢，只要有贡献，这样的生命都是永恒的。

巴尔扎克的手杖

>> 张玉庭

纵然我们不是天才的诗人，起初的歌唱就卓越非凡；但我们终能成为苦吟的诗人，一步步接近成功。

巴尔扎克并非一出世就名扬天下，誉满全球，在成名之前，巴尔扎克也曾困顿过，狼狈过。

比如，他本是学法律的，可大学毕业后偏偏想当作家，全然不听父亲让他当律师的忠告，把父子关系弄得十分紧张。不久，父亲便不再向他提供任何生活费用，他写的那些玩艺儿又不断地被退了回来，他陷入了困境，开始负债累累。最困难的时候，他甚至只能吃点干面包喝点白开水。但他挺乐观，每当就餐，他便在桌子上画一上只只盘子，上面写上"香肠"、"火腿"、"奶酪"、"牛排"等字样，然后在想象的欢乐中狼吞虎咽。

更发人深省的是，也正是这段最为"狼狈"的日子里，他破费七百法郎买了一根镶着玛瑙石的粗大的手杖，并在手杖上刻了一行字：我将粉碎一切障碍。

正是这句气壮山河的名言在支持着他。后来的事实表明，他果然成功了。

■ 赏 析

任何成功者的背后都有一段曲折、坎坷的道路。巴尔扎克也不例外，他在成名之前，也"困顿过，狼狈过"，甚至画饼充饥过。

但巴尔扎克还是挺了过来，靠什么？靠对生活炽热的爱和对事业不懈的追求，靠他手中的那根"手杖"——"粉碎一切障碍"的决心和勇气。

伟人之所以能够成为伟人，是因为他们有一种超乎于常人之上的意志和耐力。具备了这一点儿，还有什么东西能够阻挡他们的脚步呢？

■ 证明你自己

>> 张　缓

　　如果把世界比做一个海洋，你就是一个小小的水分子；如果把世界比做是一首爵士乐，你就是一个快乐的音符！因此，假若世界失去了你，那么就意味着失去了一个水分子或一个快乐的音符。在秋日的黄昏里有你跳跃的身影；在夏日的碧波里有你翻起的浪花；在春天的花丛树影中有你的歌声飘荡。

　　在秋日的黄昏里有你跳跃的身影；在夏日的碧波里有你翻起的浪花；在春天的花丛树影中有你的歌声飘荡；在冬天的茫茫雪野上有你堆起的雪人。

　　你勇敢地向世界证明了你的存在！

　　你相信，一个古老的传说，上帝造人是用模子的。上帝每造一个人，他就把造出那个人的模具毁掉。于是，世上只有一个你，一个与众不同的你！你深信，在世界的某一个地方，终有属于你的一个位置。因为，世上绝不会再出现一个与你相同的人。

　　你活得轻松自在，从不畏首畏尾。因为你拥有乐观和自信！你努力发挥着自己的才能，你向这个世界证明了你的存在和价值。不管世界多辽阔，人群多拥挤，你永远能在世界上拥挤的人群中认出你自己！

　　你更相信，如果世界少了一个你，就必会少一份快乐，少一份创造。如果把世界比做一个海洋，你就是一个小小的水分子；如果把世界比做是一首爵士乐，你就是一个快乐的音符！因此，假若世界失去了你，那么就意味着失去了一个水分子或一个快乐的音符。

你永远相信你自己！那么，就去寻找那属于你的位置吧！

勇敢地向世界证明你自己吧！

■ 赏 析

你就是你——一个真实的你，大写的你。

你不仅拥有"你的存在"，而且你拥有你的"价值"，你是这纷繁世界的一部分，你用自己独特的风光装点了这个世界的美丽！

你就是你，"一个与众不同的你"，你有你的"位置"，你还拥有自己独立的思想，拥有自己独立的人格魅力！

你就是你，快"向这个世界证明你的存在"吧！

你就是你，快"去寻找那属于你的位置"吧！

■ 心灵札记

>> 伊　人

"衣带渐宽终不悔，为伊消得人憔悴"。带着失败后的惆怅，也带着失败后的奋起，我再次挺立。心中，那盏明灯指引着我走向远方。

夜，驱走了白日的喧嚣，一切都沉默了。清冷的月光，透过树叶的缝隙洒在脸上。月下，只有我默默地与夜空对视。

夜幕笼罩下的苍穹星光点点，在这满天群星中，有哪一颗是属于我的，能够指引我的生命通过不可知的黑暗呢？

月光下的树枝抖动了一下，几片黄叶叹息着在空中打了几个旋儿，飘落在地上，走完它短暂一生。大自然的轮回，在这里悄悄然地进行着。

"年年岁岁花相似，岁岁年年人不同"，世界没有变，变的只是我自己。一步步走向成熟的同时，我变得多愁善感。忧思重重，说不出心情为什么如此不好，也许只为了充满梦幻色彩的理想……

夜，深沉，温馨，它紧紧地拥抱着我，听我倾诉心事。曾拥有过太多鲜花与掌声的我，还未来得及圆那个梦，就被时间的旋涡无情地卷入了另一方天空。猛然间，觉得自己竟那样渺小、无知，高墙外原来有如此广袤的世界。往事如烟。竞争就是这样，胜者，拥有鲜花、掌声；败者，拥有苦涩的泪水。在梦幻的感召下，我们踏上一条坎坷的、充满荆棘的道路，去寻找远方美丽的花园。

路漫漫，似乎没有尽头。崎岖的路上，我一次次跌倒，一次次地爬起，再一次次地跌倒……风雨中，只有我小小的身影在苦苦挣扎。

"衣带渐宽终不悔，为伊消得人憔悴"。带着失败后的惆怅，也带着失败后的奋起，我再次挺立。心中，那盏明灯指引着我走向远方。

忧思在我心中渐渐散去。人生就是一段漫长的旅程，我为什么要在新的起点上踌躇不前呢？

抬起头，前方的路依然坎坷，那遍地的荆棘等着我去踏平。给自己一份自信，一个微笑——我会走好这条路的。

我，终于走出了我的黑夜。

■ 赏 析

在时光无声的流逝中，"我"突然窥见了自己渺小的身体。"我"在虚无的空间里挣扎着，昔日的"花园"在哪里？"我"甜美的梦境在哪里？

夜，给了我太多深沉的思索，夜也给了我太多的"忧思"和反醒，"我"在夜凝重的阴影里幡然悔悟，"我"终于站起来了……

这是暗夜中的一盏明灯，它在照亮"我"的同时，引领"我"走向新的征程……

杀出重围

■ 树

>> 赫尔曼·黑塞

当一棵树被锯倒并把它的赤裸裸的致死的伤口暴露在阳光下时，你就可以在它的墓碑上、在它的树桩的浅色圆截面上读到它的完整的历史。在年轮和各种畸形的枝干上，忠实地记录了所有的争斗，所有的苦痛，所有的疾病，所有的幸福与繁荣，记录了瘦削的年头，茂盛的岁月，经受过的打击，被挺过去的风暴

树木对我来说，一直是言词最恳切感人的传教士。当它们结成部落和家庭，形成森林和树丛而生活时，我尊敬它们。当它们只身独立时，我更尊敬它们。它们好似孤独者，它们不像由于某种弱点而遁世的隐士，而像伟大而落落寡合的人们，如贝多芬和尼采。世界在它们的树梢上喧嚣，它们的根深扎在无垠的大地之中，唯独它们不会在其中消失，而是以它们全部的生命力去追求成为独一无二的自我：实现它们自己的、寓于它们之中的法则，充实它们自己的形象，并表现自己。再没有比一棵美的、粗大的树更神圣、更堪称楷模的了。当一棵树被锯倒并把它的赤裸裸的致死的伤口暴露在阳光下时，你就可以在它的墓碑上、在它的树桩的浅色圆截面上读到它的完整的历史。在年轮和各种畸形的枝干上，忠实地记录了所有的争斗，所有的苦痛，所有的疾病，所有的幸福与繁荣，记录了瘦削的年头，茂盛的岁月，经受过的打击，被挺过去的风暴。每一个

农家少年都知道，最坚硬、最贵重的木材年轮最密，在高山上，在不断遭遇险情的条件下，会生长出最坚不可摧、最粗壮有力、最堪称楷模的树干。

树木是圣物。谁能同它们交谈，谁能倾听它们的语言，谁就能获悉真理。它们不宣讲学说，它们不注意细枝末节，只宣讲生命的原始法则。

一棵树说：在我身上隐藏着一个核心，一个火花，一个念头，我是来自永恒生命的生命。永恒的母亲只生我一次，这是一次性的尝试，我的形态和我的肌肤上的脉络是一次性的，我的树梢上叶子的最微小的动静，我的树干上，最微小的疤痕，都是一次性的。我的职责是，赋予永恒以显著的一次性的形态，并从这形态中显示永恒。

一颗树说：我的力量是信任。我对我的父亲们也一无所知，我对每年从我身上产生的成千上万的孩子们也一无所知。我一生除了为这传种的秘密以外，再无别的操心事。我相信上帝在我心中。我相信我的使命是神圣的。出于这种信任我活着。

当我们不幸的时候，不能再好生忍受这生活的时候，一棵树会同我们说：平静！平静！瞧着我！生活不容易，生活不艰苦。这是孩子的想法。让你心中的上帝说话，它们就会缄默。你害怕，因为你走的路引你离开了母亲和家乡。但是，每一步、每一日，都引你重新向母亲走去。家乡不是在这里或者那里。家乡在你心中，或者说，无处是家乡。

当我倾听树木在晚风中沙沙作响的时候，对流浪的眷念撕着我的心。你如果静静地、久久地倾听，对流浪的眷念也会显示出它的核心和含义，它不是从表面上看去那样，是一种要逃离痛苦的愿望。它是对家乡的思念，对母亲、对新的生活的思念。它领你回家。每条道路都是回家的路，每一步都是诞生，每一步都是死亡，每一座坟墓都是母亲。

■ **赏 析**

作者与树交谈，了解"生活的原始法则"。以树的生存态势为主线，和盘托出生命的全部秘密。并影射在人类身上，给你更多的关于生命的真谛。

那些自我生命的迸发，那种坚韧不拔的毅力，那种饱满"信任"的力量和"逃离痛苦的愿望"……无一不透射出生命的真实意义。

形象的寓意，拟人化的手法，优美的语言，使这篇作品具有很强的感召力和吸引力。

■ 峭壁上的树

>> 殷红星

那酸枣是春光秋色日月星辰的馈赠，是一片浓缩的丹霞霓云，亮亮的、红红的，像玛瑙，像珍珠，像一团燃烧的火焰，像那万仞峭壁的灵魂。见到它果实的那一刻，我陡地生出一个奇怪的想法：小酸枣，或许正是那颗酸枣树苦修苦熬数十年而得道的一颗心吧！有了心，它便会有梦，便会更加热烈地拥抱世界了！

是为了摆脱那饥寒交迫的日子，你才无可奈何地跳下悬崖？是为免遭那场被俘的耻辱，于弹尽粮绝之后你才义无反顾地投落这峭壁？

那一天你确实跳下来了，像俯冲捕猎的雄鹰，像划破静夜的流星。然而，你并没有死，一道峭崖缝救助了你，一捧贫瘠的泥土养育了你。生根、发芽、长叶……从此，你就在这里安家落户，日日夜夜、年年岁岁，终于顽强地活了下来，长成一簇令人刮目的风景。这便是故乡那座大山的悬崖峭壁上一颗摇曳在我记忆中达三十年之久的酸枣树。

它高不足尺，叶疏花迟。云缠它，雾迷它，雨抽它，风摧它，霜欺雪压，雷电轰顶。然而，酸枣树并没有被征服。它不低头，不让步，于数不尽的反击和怒号中，炼就了一身铮铮铁骨，凝聚了一腔朗朗硬气。

一次次，它在风雨中抗争呐喊；一回回，它把云雾撕扯成碎片；它以威严逼迫霜雪乖乖地逃遁；它以刚毅驱逐雷电远避他方……

它明知道自己成不了栋梁高树，却还是努力地生长；它明知道自己不可能荫庇四邻，却还是努力地茂盛着。不像山前的桃树，山后的李树，一个个娇生惯养让人伺候、抚慰，动辄就使性子给点颜色瞧瞧。也不像贪图热闹的杨树柳树们，一个个占据了水美土肥的好地方，便忘乎所以地搔首弄姿，轻飘飘只知炫耀自己。酸枣树默默地兀立着，不鄙位卑，不薄弱小，不惧孤独。与春天紧紧携手，与日月亲切交谈。天光地色，尽纳尽吮。从不需要谁的特别关照与爱抚，完全依靠了自己的力量，长成了那堵峭壁上的生命，让人领略那簇动人的风采。它真诚而没有嫉妒，它纯朴而从不贪婪；抬手向路人致意问候，俯首向胜利者恭贺祝福。

那一年秋天，在不知不觉中，它竟结出一粒小小的酸枣。只有一粒，而且几乎小得为人们所不见。

那酸枣是春光秋色日月星辰的馈赠，是一片浓缩的丹霞霓云，亮亮的、红红的，像玛瑙，像珍珠，像一团燃烧的火焰，像那万仞峭壁的灵魂。见到它果实的那一刻，我陡地生出一个奇怪的想法：小酸枣，或许正是那颗酸枣树苦修苦熬数十年而得道的一颗心吧！有了心，它便会有梦，便会更加热烈地拥抱世界了！

■ 赏 析

于逆境之中兀自挺立，任凭风吹雨打，独亮一树风光，一树美丽。——这就是"峭壁上的酸枣树"，它在经历了生与死的撞击之后，那么深切地领悟了生命的全部含义，"一粒小小的酸枣"，凝炼着数十年"苦修苦熬"的一颗心,"亮亮的,红红的","如一一团燃烧的火焰",透射出生命的力量,生命的魅力!

是啊,"有了心,它便会有梦,便会更加热烈地拥抱世界了"!

你呢?……

■ 旅 人

>> 单云飞

　　游历过壮阔的江河，却又不得不在骇浪中退缩；为了一览众小山，坠落悬崖九死一生。走过尘土飞扬的长路，穿过回肠九曲的巷子，总是被路人的眼光所抛弃，烈日下，总也摆脱不了他乡的寒冷……

　　月光下，一个疲倦的人静卧在他忠诚的骆驼旁。干裂的唇边长满凌乱的胡须，和他杂草般的头发一样凌乱；深深的皱纹纵横在苍老的脸上；曾经明亮的双眼已是如此暗淡无光，这些都是风尘沧桑的洗礼。此刻，这双冷漠的眼似乎在追寻他的足迹……

　　也许他有一个家，也许，由于某种可笑的原因，他又离开了它，开始了漫长的旅程……

　　游历过壮阔的江河，却又不得不在骇浪中退缩；为了一览众小山，坠落悬崖九死一生。走过尘土飞扬的长路，穿过回肠九曲的巷子，总是被路人的眼光所抛弃，烈日下，总也摆脱不了他乡的寒冷……

　　我们的旅人倦了，终于，他辗转归乡。然而，他却没有得到乡邻的一缕古老温情。人们的眼光盯住了他，又匆匆移到别处，有人在窃窃地笑，可笑吗？无从得知，他们笑这些"旅人"，笑人们眼中的"异类"。

　　旅人茫然了。但他最终付了钱，当然不是买下这分茫然，他买了一杯酒，而后，和这杯中的倦影一起消失在可笑的"故乡"……

多少个夕阳西下，无数次断肠天涯，他独行在这悲凉的、永远不会有尽头的旅途上。不知道他是否失落，但他说那是无悔。

星月无言，像在望着他。远方的风刮来沙漠深处的荒蛮，吹过他的脸、他的心。抚摸着骆驼的背，望着遥远未可知的某个地方，他静静感受着苦涩的飞沙，好像露出了笑意。他找到了最理想的归宿，属于一个旅人的归宿……

■ 赏 析

我就是那个"旅人"。

从时间的废墟中站起，"走过尘土飞扬的长路"，穿越世俗偏狭的目光，"他乡的寒冷"不会摧折我坚挺的骨头。还有我的头颅，始终朝向我思想深处的亮光……

任鄙夷的笑声淹没我的身体，任狂乱的沙尘风干我的嘴唇，我始终挺立着，因为我拥有独立的思想，拥有你难以体会的温暖境地……

要知道：我就是那个"九死一生"的"旅人"！

■ 跑过冬天

>> 原　驰

　　你会遭遇失败，须知人生历程，逆境多，顺境少。故凡事要运用智慧，竭尽全力。社会只看你的结果，而你要看重努力的近程，即使失败，切勿自弃，社会不同情眼泪。上帝只救自救之人。

　　最初，你跑一两圈就累了，停下来，央求着爸爸，不要让你跑了。但是，爸爸说不行，你必须跑完。你要跑累了呀，可以慢慢跑，要是慢慢跑还累呢，可以走着，但就是不能停下来。

　　冬日清晨，公园里寂静无人。路边的杨树早已剥落成秃枝，在寒冷的空气中抖动。你努力地跑着，呼出的气化成一股股白雾。渐渐地，你跑热了，脱去的黄色毛线帽在手中随着你的运动在花坛周围画出了一圈流线。于是，冬天不再寒冷，冬天有了生命的流动。

　　如今，你要成为一个成年人了，即将接受成年洗礼。

　　你会在某个夜晚，从大地仰望天空，一颗流星划过，转瞬即逝，留下一道亮光。我说，那就是人生。在时间的长河中，一生就只是那么短短的一瞬。

　　当你生命开始的时候，你与所有的人没有什么不一样。可当你进入社会的时候，你与所有的人都不同。

　　或许，你会遇到疾病，这是生命中最大的不幸之一。但是不论遇到什么样的疾病，都不要放弃与它的抗争，哪怕只有三天的光明。

生死不能抵御，但生活可以选择。不要拿健康做人生的抵押，一生要锻炼身体，拥有健康的身体和心理。

或许，你会陷入贫穷。贫穷并不可怕，可怕的是贫穷的精神。节俭是永恒的美德。如果富有，要帮助穷人。

或许，你会遭遇失败，须知人生历程，逆境多，顺境少。故凡事要运用智慧，竭尽全力。社会只看你的结果，而你要看重努力的近程，即使失败，切勿自弃，社会不同情眼泪。上帝只救自救之人。

或许，你会落入孤独。坚定攀登者总是孤独前行，在情感的孤独中要守住自我，珍爱自己，五湖明月在，渔歌总有时。

相貌与生俱来，一个人的美丽不是给所有的人看的，也不会是所有的人都会看着你美丽。支撑美丽的是品德、气质、文化。

衣着要整洁协调。如果有钱，可以穿得好一些，但不要华贵；如果有时间，可以穿得美一些，但不要繁复。

因为有了生命，时间才有了意义；因为有了时间，生命才有了延续。珍惜时间，珍惜生命，充分地使用你所拥有的每一天的时间和金钱。

尽一切人生之责！

所有的这一切，都是上帝给予你的人生苦难和责任，这就像江河行地，日月经天那样正常自然。既然如此，就让它来吧，你已经开始成人，用微笑和勇气拥抱你的人生！

人生会有许多冬天，跑起来吧，不要停下，跑过冬天！

■ 赏 析

听起来，这似乎是一位母亲对女儿永不停歇的唠叨。

但细细品味一番，你会觉得它是一种爱，它是一张母亲给女儿精心编排的"人生旅程表"。

　　走进成年人的行列，静静接受成年人的洗礼，从每一个冬天跑过，"用微笑和勇气拥抱你的人生！"——这是母亲对女儿轻轻的呼唤，她掸掸女儿身上的雪片，不停地叮咛着，目送女儿跨入成年之路……

■ 选择坚强

>> 晓　霜

想是上帝偏要和我开玩笑，在高考的前一天我病倒了。高烧不退，头痛欲裂，父母诧异的目光瞄向堆在我写字台上的各种高级补品。奈何？

我不会忘记那个七月。

想是上帝偏要和我开玩笑，在高考的前一天我病倒了。高烧不退，头痛欲裂，父母诧异的目光瞄向堆在我写字台上的各种高级补品。奈何？

因为要高考，虽然头痛的厉害，却不敢吃有镇定作用的药，只有以我本不强壮的身体与病痛硬抗！望着父母脸上焦虑的神情，我咬紧下唇，不让自己呻吟出声。

每次都由父亲搀扶进考区，然后在父亲关注、慈爱的目光中，踉踉跄跄地步入考场，心中默念："除了坚强，你别无选择。"

整个人趴在课桌上，一手支头一手执笔。此刻，我的头脑中没有丝毫时间空间概念，也不去想成功与失败。只有题，只有攻克它们的喜悦。这或许是因为在潜意识中，我深深知道父母在乎的是他（她）们惟一的女儿，而不是这场考试。

坚持了两天，八日的晚上我终于起不来床了。我的泪水在偷偷地流淌，不为自己，为着父母自责的叹息！

九日早上，我同输液瓶一起进入考场。父亲被特许在楼道里等，因为怕我会在考试中晕倒，然而我没有，虽然我很狼狈地一手输液，一手答卷，但我心里明白，我答得不比别人差。

当我写完答案的最后一个字，不禁抬头对着输液瓶露出胜利者的微笑，当同学们都走出考场，父亲冲进来，我哭着对父亲说的第一句话是："一生中不想第二次经历这样的痛！"

我真的不再需要第二次了，因为不久后我拿到了南开大学的录取通知书。至今不愿回想那个七月，但我真的很感激那个教我选择坚强的七月！

其实，在今后的人生道路上，我还会遇到许多的艰难与困苦，但，我相信自己仍然会选择坚强！

■ 赏 析

奏响生命的强音，挺直腰杆儿，"选择坚强"。

这是生命深层迸发的力量，它摧枯拉腐，果敢地向困难和挫折发难，拥有坚强，就拥有战胜困难的勇气和信心，就拥有搏击长空的能力。

因为我坚强，所以我还害怕什么?!

■ 往事无瑕

>> 索 然

重新寻找我的沙漠和我的孤独吧，我要离开了。把你倦倦的笑意连同淡淡的眼神精心收藏在心底，我要离开了，就让我化作那寂寞的蝴蝶，悄悄飞走。

知道我是怎样走出那扇门的吗？每一步都是美人鱼公主足尖上的舞蹈——明知踏下去便是锋利的刀尖，依然固执地微笑着，不肯回头。从没有像现在这样坚强而自负。我已一无所有。

你曾经是个讲故事的老人，一座山讲个没完没了，我便成了疲于爬山的傻孩子，满以为会从你大理石般光洁的额头上读到些什么；你曾经是个诗人或自以为是诗人，一篇篇一行行写个没完没了，我便成了填补空白的读者，满以为会从你闪烁着机智和顽皮的眼神中读到些什么；你曾经坐在台阶上，沐着夕阳，吹着口琴，我坐在你身边轻声唱着没有名字的歌，满以为每个黄昏我们都会这样度过，可是我终于还是离开了。

我是个太爱做梦的人，总是把梦与现实搞得一塌糊涂，但我的灵魂还背着庸俗的躯壳，无法飞到山外。平庸的我在你面前不知所措，诚惶诚恐得令自己发笑，风景属于自然而你属于艺术——我无法企及，只能膜拜。

我无权对你责难，就像我们不能责怪那个不知情王子，美人鱼化作了寂寞的泡沫，难道是他的错？没有人有评价他们的权力，一切善意或恶意的评价，还有那没有丝毫价值的同情的眼泪都是对美的亵渎。

重新寻找我的沙漠和我的孤独吧，我要离开了。把你倦倦的笑意连同淡淡的眼神精心收藏在心底，我要离开了，就让我化作那寂寞的蝴蝶，悄悄飞走。

但，没有人能拒绝美丽。我会在某个寒夜，在温暖的炉边，烘干我潮湿的记忆，于是，你又偷偷溜出来，给我一个被火光映得灿烂的微笑。

■ 赏 析

瞧啊，这梦园多么美丽，可"我"为什么"还是离开了"呢？

"我的灵魂背着庸俗的躯壳"，"我"是一个怯懦的灯笼，不敢投进暗夜的怀抱，"我"只有枕着那些往事，烘着火，保持最后的一点暖意。

"我"在消失，这是多么可怕的事情，所以，"我开始重新寻找我的沙漠和我的孤独"，"我要离开了"，让往事风于"我潮湿的记忆"，让往事，带给"我"一抹"灿烂的微笑"，一点甜蜜的慰藉……

一堂音乐课

>> 潘 亭

真正的音乐，不是伴随其他动作进行的。你必须尊重它，正视它，将它视作独立的东西。真正的音乐是时间的艺术，时间一过去它就消失了。只有用心去与它交流，才能感受到它的存在，也才能领悟到它的价值，它可以让你怀想一切，也能让你忘掉一切，最重要的是它让我们的心在捕捉住每个音符时是自由的。

那位中央音乐学院的女教授从座位上站起来，关掉录音机，缓缓地说：

"刚才你们听到的是一首古筝曲《清涧流水》。这支曲子，如果是在音乐厅演奏，几百人的大堂里不会有一丝杂音。到现在为止，我已连续给你们放了三遍——"她停下来，深深地看了我们一眼，接着讲："可是我始终听到有书的翻动的声音。"

讲到这里，她再次停顿了一分钟。

我知道，你们很忙，可是你们既然来上这堂课，就请暂时放开其他东西，来欣赏一下真正的音乐。

真正的音乐，不是伴随其他动作进行的。你必须尊重它，正视它，将它视作独立的东西。真正的音乐是时间的艺术，时间一过去它就消失了。只有用心去与它交流，才能感受到它的存在，也才能领悟到它的价值，它可以让你怀想一切，也能让你忘掉一切，最重要的是它让我们的心在捕捉住每个音符时是自由的。

"你们整天忙碌于各种实际关系的纠缠，难道这一个小时放松自己的时间都舍不得给吗？"

这是在一堂古代音乐课，女教授对前来听课的人所讲的话，也是她经过几十年的研习对"音乐"两个字的最深感悟。

■ 赏　析

这浮躁的世界、喧闹的市声湮没了多少理性的头颅，环顾四周，我们精神的家园之上还剩下些什么？谁还拥有自己独立的自我？谁能坐下来，真正"用心"去感受一下音乐的存在？这汩汩流淌的旋律，会慢慢覆盖你的身体，会让你独立让你自由让你找回自我，它还会让你静下心来，不去考虑昨天的伤口……

坐下来，听听这首音乐吧，可不要再有"翻动书本的声音"。

■ 顽石的启示

>> 邱　山

阻碍我们去发现、去创造的，仅仅是我们心理上的障碍和思想中的顽石。

我刚嫁到这个农场的"时候"，那块石头就在屋子拐角。石头样子挺难看，直径约有一英尺，凸出两三英寸。

一次我全速开着割草机撞在那石头上，碰坏了刀刃。我对丈夫说："咱们把它挖出来行不行？""不行，那块石头早就埋在那儿了。"我公公也说："听说底下埋得深着哪。自从内战后你婆婆家就住在这里，谁也没把它给弄出来。"

就这样，石头留了下来。

我的孩子出生了，长大了，独立了。我公公去世了，后来，我丈夫也去世了。

现在我审视这院子，发现院角那儿怎么也不顺眼，就因为那块石头，护着一堆杂草，像是绿草地上的一块疮疤。

我拿出铁锹，振奋精神，打算哪怕干上一天，也要把石头挖出来。谁知我刚伸手那石头就起出来了，不过埋得一尺深，下面比上面也就宽出去六寸左右。我用撬棍把它撬松，然后搬到手推车上。这使我惊悍不已，那石头屹立在地上时间之长超过人们的记忆，每人都坚信前辈人曾试图挪动它，但都无可奈何。仅因为这石头貌似体大基深，人们就觉得它不可动摇。

那石头给了我启迪，我反倒不忍把它扔掉。我将它放在院中的醒目处，并在周围种了一圈长春花。在我这片小风景地中，它提醒人们：阻碍我们去发现、去创造的，仅仅是我们心理上的障碍和思想中的顽石。

■ 赏 析

想想你走过的旅程，有多少"阻碍"扼杀了你的理念你的创造呢？

其实，人总爱自己把自己禁锢着，设置一个牢笼，让自己走进去，再试图挣破它，走出来。多么可笑，荒诞！但世人皆以此为乐，并乐此不疲，这难道不是我们人类自身的悲哀吗？

这种"心理上的障碍和思想中的顽石"看起来"体大基深"，但只要我们用心，它是经不起撬动的，不信？你来试试。

■ 千万别打败自己

>> 京 都

当不幸突然袭来，当痛苦不期而至，当你必须慷慨牺牲时，你能从容不迫吗？

我 23 岁时，军衔只是陆军上士，3 年服役期满，对于一个来自农村的士兵来说是一种悲哀。我必须面对两种选择，要么超期服役，要么回到乡村种地。我最后拿定主意要将肩上士兵的四道黄杠换成尉官的银星。

那个本命年的秋天里，我扎上红腰带参加了军队学院的招生考试，祈望考上新闻大专班而给命运带来转机。我对自己的实力估计非常充分，因为我有几百篇作品并有省作协会员和二等功，这些都是要加分的。

几天后，负责招生的一位首长告诉我：我的考分名列全军区新闻专业第 5 名，而最后录取的 9 个考生中没有我。那位首长的解释是："你发表的作品大多没有用原名丁培军，而用了笔名潍河，我们知道丁培军就是潍河，但有关规定不承认。"

那位首长最终也没有出示什么有关规定，最后的结果是我没戏了。没戏之后我找了个没人的地方哭了一场，哭完后丁培军扇了潍河两耳光，潍河骂了丁培军一句："没血性"，然后决定把用了 24 年的原名丁培军改为丁潍河，扯掉护佑自己的红腰带，平静地回到单位继续当兵写文章，劝慰我的人见我依然平静如初，还以为不是我落榜而是他落榜一般。

我自然不会放弃对既定目标的努力。4 年后的今天，肩扛陆军中尉军衔回忆当年的红腰带，我既不笨也不聪明的脑袋里最后冒出一句这样的话——

千万别自己打败自己。

▌赏　析

当头棒喝的滋味品尝过，失意落泊的境地亲历过，但"我"并没有倒下，掸掉身上的委曲和悲观，"我"又从泥潭中挣扎起来，重新找回自我的勇气，扶正自己歪歪扭扭的身体，"平静如初"地面对新的生活。瞄准既定的目标，靠拼搏靠实力打败昔日的自己，重新竖起自己崭新的形象……

这就是生活，这就是逆境中的自醒和抉择！

■ 擦鞋的朋友

>> 祥　子

　　我吃了一惊，问他为什么。他低着头，拨弄着色拉，良久才说："人家会笑话你的。"我的泪一下子涌上来了。而他，慢慢地抬起头，看着窗外。泪眼朦胧中，我看见他眼角那一抹宁静的笑。

　　他是个擦皮鞋的男孩子，一个偶然的机会，我认识了他。在解放路繁华的大街上，常常有他流动的背影和快乐的歌声。

　　那天中午，我出去吃饭，又见到了他，他照例坐在人行道旁，埋着头，正在替人擦皮鞋。在初春的阳光下，他显得单薄而瘦小。

　　我在他身边停下来，他抬头见是我，立刻笑了，"你怎么会来呢？"他问。

　　"哦，我去'肯德基'吃饭，路过这里……"我不假思索地说。他点点头，手脚麻利地收拾好他的小摊子，然后，拍拍身上的灰尘，说："走吧，我们一起去——'肯德基'。"

　　我很难堪，然而他向前走时的快乐阻止了我想拦住他的冲动。"肯德基"就在不远的地方，只走几步就到了。他推门进去，立刻吸引了所有人的目光——那明显发育不良的瘦小的躯干，裹在破旧且沾了油污的衣服里；一头乱发盖在他同样沾了油污的额上；他穿着一双落满了灰尘早已走了样的破皮鞋，就这样站在明亮干净的餐厅里，是如此的格格不入。然而他却笑着，仿佛无视这些目光的存在。

他踌躇了一会儿，转头问我："怎么点呢？我从没来过这儿。"

我醒悟过来，越过他走向柜台，却被他拦住了，"我请你，真的，我请得起。"他挺了挺他并不强壮的胸膛，脸上露出一种庄重的神情，然后走向柜台。他研究了那张价目表，向那个吃惊但仍然微笑着的小姐说："请给我两份套餐。"他彬彬有礼，如同一位绅士。

我呆呆地站在那里看他从怀里掏出钱，那些皱皱的小票，被他细心地理过，整整齐齐的，他一张一张地数着，在众多诧异的目光里，郑重地把钱放在柜台上。

我知道他擦鞋的价钱，知道他平常的午餐是两个包子加一杯清水，也知道他在那家小旅馆里住一夜是两元钱，我还知道他过年时只给自己买了半只烧鸡……

他站在柜台前，带着些许好奇打量着面前的一切，脸上是宁静的笑。我忽然想起我们初识时他站在我面前，那不加掩饰的既好奇又渴望了解的表情……

我敢说那天中午我们是整个餐厅里最引人注目的。一个时髦的女孩与一个擦皮鞋的男孩坐在一起啃着鸡块，也许我自己见到也会吃惊。然而他的安详感染了我，在种种目光和窃窃私语里，我终于也安详起来。

在快吃完的时候，他忽然说："以后，别跟人说你有一个擦皮鞋的朋友。"

我吃了一惊，问他为什么。他低着头，拨弄着色拉，良久才说："人家会笑话你的。"我的泪一下子涌上来了。而他，慢慢地抬起头，看着窗外。泪眼朦胧中，我看见他眼角那一抹宁静的笑。

此后，在很多个日子里，我都会想起那个瘦小的身影，想起他站在那些目光交错而成的网里的宁静的微笑。每当这时，我都情不自禁地说起："我有个好朋友，他是擦皮鞋的……"

■ 赏 析

　　"那个瘦小的身影"之下，有一颗多么纯净的心呵，那"宁静的微笑"，那"彬彬有礼"的举止，"庄重的神情"，无不透射出人格的尊严、人格的魅力，相比之下，周围那些"好奇的目光"是不是有些委琐呢？

　　"在明亮干净的餐厅里"，一个擦皮鞋的男孩用平静的目光向世俗挑战，向一切卑微的身子挑战！……"他是擦皮鞋的"，他擦掉你身上的污浊的灰尘了吗？

■ 油菜花儿黄

>> 芦芙荭

春天就这样在冬季里已悄然走进了女孩的心里。女孩站在冰封雪冻的城市前，心里却黄黄地怒放着一片菜花。爱一个人就是让那人的名字在临终之际成为你双唇间最后的音乐……

女孩是在冬天的时候就萌发了那个念头的。

那时候，天正下着雪。女孩倚在教室的窗前，看着楼群间瘦瘦的一块空地上，几个小孩正忙碌着堆雪人，打雪仗。女孩的脑子在那一刻里，突然间就跳出了那个念头。

女孩很激动。

在以后的漫漫冬季里，女孩在那个念头的驱使下，心里便一遍遍地勾画着一幅遥远而朦胧的画：小桥、流水、村庄，垂柳袅袅的小河边，女人们正一边说笑一边洗衣服。岸边的田垄上是开得正热闹的油菜花。柔风细雨中，女孩看见自己正擎着一把碎花的小雨伞，在那一片金黄的菜地里跑呀跑……

春天就这样在冬季里已悄然走进了女孩的心里。女孩站在冰封雪冻的城市前，心里却黄黄地怒放着一片菜花。

其实，许多的时候，女孩都是很明白的，春天的影子还很遥远。她极力控制自己，不去想那遥遥无期的事。可是，念头这东西，一旦产生，就仿佛是春天里的燕子，在女孩的脑子里飞来飞去，任你怎么挥也挥不去了。

女孩坐在教室里，有些心不在焉。她时不时地发愣发呆。有时，她因被自己美好的想法而陶醉，竟会情不自禁、旁若无人地独自在那尽情欢笑。

女孩的班主任向来是个很细心的人。女孩的这些异常的表现自然被他捕捉到了。他还发现，女孩除了在课堂上有些反常外，私下里和班里的一个男生的往来似乎也有些不正常。他像一个好奇的猎人似的，随时随地想从他们身上捕捉到某些信息。因此，女孩那被冬天厚厚的衣服裹着的身体里，洋溢出来的春天的朝气与湿润他竟然一点也没发现。

如果说，在那个时候，女孩的班主任稍微和女孩做点沟通，女孩也许会把她心里的秘密说出来的。那时，女孩心里的那个念头，其实还很脆弱。可是，女孩的班主任没有这么做。他一开始就走入了误途。

"现在的女孩子呀，太早熟了。"女孩的班主任总是这样在心里叹息。

于是，女孩心里那个念头在无拘无束中，越来越膨胀了。

冬天还剩下一条尾巴时，女孩便悄悄开始为自己的行动做着准备：她为自己精心挑选了一把小花伞，还为自己买了一条大红颜色的纱巾。她想象着自己穿着一袭白裙，擎着这条火一般红艳的纱巾，在金黄的油菜地里奔跑的样子时，心里别提有多兴奋了。

女孩仿佛已经看见了自己面前那条通往乡村的路。

对于许多人来说，春天是无声无息、不知不觉间来到这个城市的。

"呀，春天来了！"大家都这样惊奇的感叹。

可是，女孩在这个春天来临时，她是听到了春的脚步声的。那是一种充满着青春律动的脚步声。

一个阳光很明媚的早晨，女孩终于耐不住了，她和那个男孩悄悄背上了事先备好的行李，开始了他们蓄谋已久的行动。

为了实现那个美好念头，他们已经等待了一个冬天了。他们顺着一股泥土的芳香，在城市的郊区找到了一个公共汽车站。这个车站的所有班车，都是发往乡下的。

可是，等他们赶到车站时，却发现，他们的父母以及班主任老师正从一辆菜花黄的出租车里爬出来，挡住了他们的去路。

那一刻，女孩的脑海里，一片金黄的油菜花一闪就不见了，她看见他的父母以及老师的目光很陌生，很陌生。

■ 赏 析

少女时代正是幻想之花盛开的季节，女孩渴望自己的生活中充满浪漫的情调。在漫漫的冬季里，女孩看见自己在一片金黄的油菜地里跑呀跑。

然而现实生活并非想象。在冰封雪冻的城市里，到处是喧嚣的人群和陌生的面孔。面对枯燥的教科书，应付一场场接踵而来的考试。生活单调而乏味。老师、父母没能很好的给予她理解和鼓励，没有人了解她的痛苦，没有人分享她内心的快乐。

女孩长大了，心已经如此的细致和成熟。她要和他到那个美丽的地方去。这个秘密，只有他和她共享。那块清纯宁静的田野，春天一定很美。

■ 总有惊喜在等候

>> 黑马白浪

　　一个小小的愿望可以支撑起一方朗朗的晴空，一个深深的期待可以踏实一段长长的历程。

　　也许对某些伤心的过去我们可以表示失望，然而对还是空白的未来我们却无权陷入困惑。因为今天有的是心情和机会向遥远的美丽发出邀请。

　　一个小小的愿望可以支撑起一方朗朗的晴空，一个深深的期待可以踏实一一段长长的历程。

　　再有烦恼萦绕心头，再有疲惫困顿周身，独自品味夜的沉静和悠远，心境也随之悠远和沉静。即使枝头无月头顶无星，我也真切地知道我黑色的眼睛光亮依然；即使寒风阵阵冷雨切切，我也分明地听到我温暖的心音真挚如初，因为再漫长的黑夜也阻挡不住壮烈的日出。而鲜活的日头下总会有灿烂的故事，那故事也许是突然间豁亮出的一个意外结局，也许是悄悄闪现出的一个奇妙开头，或许是默默流淌出的一个曲折情节……

　　我总是固执地相信，明天总有一个惊喜在那故事的深处等候，等候着我的目光把它凝视成深情，等候着我的双手把它紧握成激动。

　　也许是我在无奈难消无助难耐时慷慨成的心语低诉，突然在某个细雨霏霏梧桐无语的清晨竟流淌在邮差匆忙送来的一本杂志上。

也许是我在茫茫人流中莫名生出的一缕孤独或在交杯换盏的喧闹时顿起的一抹感伤，渐渐淤积成一种愤激，许多日之后，突然在某个寂静的黄昏被一位来访好友的笑声所消融；也许是我在久远以前执著撒下的一粒追求的种子，经岁月的风尘已淡忘得无影无踪后，在我沉重孤旅去意彷徨时竟突然壮观成一处独有的风景和丰硕成一片惊人的收获……

也许在明天以后的日子里会有许许多多的惊喜，所以我们不能不在今天有乐观的准备，这种乐观的准备只可驱走所有的痛苦和气馁。

也许在明天以后的日子里根本不会出现那么多的惊喜。但只要有一份清醒的企盼就不会失意。因为这清醒的企盼至少可以使我们保持主动生活的姿态和承接莫测未来的底气。

惊喜毕竟来得突然，存留的时间也毕竟短暂，它对于更多平淡的日子来说毕竟是一种偶然和幸运。所以要想与以后的某一个惊喜不期而遇，就得把每一个今天都准备得实实在在有滋有味。

不枉过每一天的分分秒秒，才不会错过忽来惊喜的起起落落。

我相信总有惊喜在等候，我更为了迎接这个惊喜而不停地奔走。

■ 赏 析

也许你会在心情烦闷时打开一本尘封的日记，惊喜地发现一瓣尚有馨香的花儿，回忆起曾经的快乐；也许你会在彷徨失意时徘徊于秋日的萧瑟原野，惊喜地发现一棵火红的枫树，重新燃起希望的明灯。

走向未来，"总会有惊喜在等候"。你已经淡忘了的昨日种下的"追求的种子"，也许会"壮观成一处独有的风景"；你不经意间送出的一缕阳光，也许会幻化为满目的新绿。

　　你可以将昨日的磨难看作成功之神对我们的考验，踏踏实实走过每一个今天，用汗水和鲜血将平凡的日子装点，只有具有了"乐观的准备"和"清醒的企盼"，我们的人生才会"总有惊喜在等候"。

■ 走进风雨

>> 邓　杰

　　吹不折的，是我的根，是我对绿色的向往；打不湿的，是我的心，是我对生活的憧憬。

　　走进风雨——

　　我是一棵树，我的身肢如同树干会被罡风吹折，我的思绪会被骤雨打湿；我的视线会被黛色的风雨模糊成一条条昏眩的没有航标的河流，如同狂曳的树枝没有自己的舞姿，然而——

　　吹不折的，是我的根，是我对绿色的向往；

　　打不湿的，是我的心，是我对生活的憧憬。

　　走进风雨，我会象树根那样紧紧抓住大地母亲的手。

　　走进风雨——

　　风的尖利，会如同刀锋划过我的胴体，雕塑我的气质的坚韧；风雨的清凉，会如冰霜凝成我的性格的冷静；雨的晶莹，会如雪花净化我的微尘的肺叶，我的心的氛围。

　　走进风雨——

　　我会被吹摇得晃晃荡荡，我会被淋洗得颠颠趔趄；膝黑而泥泞的风街雨巷，如海岸延伸我前往的迷惘。然而我并不痛苦，也不沮丧，惟有风织的雨帘才会让我懂得人生之旅的艰难，才会使我珍惜没有风雨的日子。没有风雨的生活。

走进风雨，走进了一个深邃的沉思的世界。经不住风雨的树，便长不成参天的大树，浸不出一片茂盛的森林。

走不出风雨的人，便走不到晴朗的街巷，走不到一个温暖的家。我走在风雨里。

很多人走在风雨里……

■ 赏析

吹不折的，是我的根，是我对绿色的向往；

打不湿的，是我的心，是我对生活的憧憬。

人们常说：经风雨，见世面。这是我们从幼稚走向成熟的必然途径。

植物经过风雨，才会有金秋的硕果累累；

大地经过风雨，才会有满眼的醉入新绿；

雄鹰经过风雨，才会有刚健的坚强翅膀；

我们经过风雨，才会有人生旅途的艰辛体味。

朋友，让我们风雨兼程，直面风雨，走进风雨，感受风雨，与风雨同行，去开创一个新世纪。

走进雪野

>> 龚后雨

走进雪野——让明亮的眸子落满袖珍的明信片，阅读又一个春天的邀请；让坚实的臂膀栖满纯情的白蝶，传递又一个春天的风情；让宽广的胸膛飘满温柔的花瓣，绽放又一个春天的神韵；让心灵的土壤植满晶莹的种子，萌发又一个春天憧憬……走进雪野——去感受无数双纤纤细手情人般的抚摸，去体验一种生命的洒脱的美丽。

走进雪野——

走进那挂着童话的小杉林，去寻访松鼠灵巧的足迹；走进那孕育丰收的田畴，去倾听麦苗酣甜的鼻息；走进那伸向苍茫的铁轨，去等待早春第一列"特快"的笛鸣；走进那弥漫雾蔼的山岗，去眺望早春第一缕晴朗的红云……

走进雪野——

让明亮的眸子落满袖珍的明信片，阅读又一个春灭的邀请；让坚实的臂膀栖满纯情的白蝶，传递又一个春天的风情；让宽广的胸膛飘满温柔的花瓣，绽放又一个春天的神韵；让心灵的土壤植满晶莹的种子，萌发又一个春天的憧憬……

走进雪野——

去感受无数双纤纤细手情人般的抚摸，去体验一种生命的洒脱的美丽；去思考雪的洁净和自己的姓名；去想象冬天老人白髯飘逸，在广袤的时空中洋洋洒洒地写着——

春天就要来临!

■ 赏 析

朋友,你去过北国吗?见过北国的雪野吗?

当第一片雪花自天而降,刹时把北国装点得美丽无比。

什么"银装素裹",什么"冰天雪地",什么"鹅毛飞雪",什么"冰雕玉砌",什么"残鳞败甲飞满天",什么"燕山雪花大如席"。即使用尽世上最美好的字眼,对北国雪,北国的雪野,都显得多么苍白无力。

面对此景,朋友,你有何感想?对她的纯洁与本真,她的宽广与美丽,是否不可言传,只可意会?

朋友,让我们去感受飞雪的抚摸,去体味雪野的搏大宏伟吧。请切记:走进雪野的人,心灵会得到净化,人生之路会留下坚实的足迹!

■ 春的门槛

>> 王安雄

春，就是这样一种无限的力量，驱使着每一个人像朵朵花蕾一样，去开始更新自己的生活姿势。

一跨进春的门槛，你便走进另一个世界了。

你的所有感官，便被那异样的暖烘烘的氛围笼罩着。

你不由得兴奋，你不由得跃跃欲试，你不由得不去想做些什么。

谁也说不清春是什么，但所有的生命都被感知了：春，是一次开始。

春的大地上，色彩开始丰富起来，不再固守着雪的洁白；春的林子里，声音开始争鸣起来，不再显示宁静是唯一存在的意义。

每一个春天，都是一次开始。

孩子们开始了新的课程，青年人开始了新的装扮，老年人开始了新的旅行。春，就是这样一种无限的力量，驱使着每一个人像朵朵花蕾一样，去开始更新自己的生活姿势。

因此，你不必抱怨春来迟了，既然春给了你一次开始的机会，你就抓紧时间去做一次认认真真的开始吧！

同样，你也不必去伤感春不长久，其实没有谁能够永远拥有开始。你既然像一泓清泉，从春的源头开始了，你就向前走去，去成为一条河、一条江，你就去保持你已开始的那股劲头，你就去激励你已开始的那种努力，你就去壮观你已开始的那一片天地。

当你终于懂得：一种结束，便是一种开始时，春就会永驻你的心间了。

■ 赏 析

"跨进春的门槛"，跨进那排空巨浪的美的海洋，你生命的枝头是否泛起一抹新绿呢？

"春给了你一次开始的机会"，"驱使着每一个人像朵朵花蕾一样，去开始更新自己的生活姿势"。开始是一种美丽，因为开始蕴含着力量蕴含着心灵悸动的巨大快慰。

所以，亲爱的朋友，你可不能随意丢失开始的那一泓泉水，让行进的脚步永远沾满春的花露春的惊喜，去创造人生的奇迹！

■ 穿过这片林子

>> 杨亚琴

你知道只有穿过这片林子，才会看到前方那片美丽的天空。于是你不再留恋林中的安逸，不再羡慕花的明艳鸟的美丽，不再为拾荒者丰腴的口袋而满足，也不再因自己空空的行囊而哭泣，你毅然向林子深处走去，踏着黎明的曙光，去追赶那轮将要升起的太阳！

林中有路，早已被人磨光；林中有花，此时开的正盛：白的纯白，红的娇戏；你沉浸其中，久久不愿前行，鸟儿在林中枝头上亮着歌喉，而你只有艳羡的份儿，你在这片林中，采集了野果，也品尝了几口清冽的甘泉，还把秋日里最红的一片叶子夹进记忆里，可你的翅膀太嫩了，依旧飞不出这片林子，外面的天空却深深诱惑着你，于是，你小心翼翼地在荆棘中寻路。你知道：在林中必须找到一条能走出去的路！不然，你的生命就会永远禁锢在这片林中。

很小的时候，母亲怕你走丢，便把你牢牢缚在她的背上。越过母亲的肩膀，你看见了林中进出的人，后来，你长大了，你知道林子外边肯定有一个大世界。你便渴望一下子飞出这片林子，越过那条不知深浅的大河，翻过那座潜伏许多危险的大山，到你梦中的地方去。

你知道只有穿过这片林子，才会看到前方那片美丽的天空。于是你不再留恋林中的安逸，不再羡慕花的明艳鸟的美丽，不再为拾

荒者丰腴的口袋而满足，也不再因自己空空的行囊而哭泣，你毅然
向林子深处走去，踏着黎明的曙光，去追赶那轮将要升起的太阳！

■ 赏 析

林子中的一切都曾让你艳美留恋，乐不思返。你把最初的记忆
留给了它，留下了欢欣和美好。后来，你开始向往外面的天空，便
"渴望一下子飞出这片林子"。于是，你"小心翼翼地在荆棘中寻
路"。

曾让你迷醉的林子失去了诱惑力，你的目标不会转移。背负着
"空空的行囊"，你用勇气和拼搏踏出了坚实的足迹。步伐轻捷的你，
将青春写成一道虹霓。

"林子深处"，有你执著追求的梦想，有"将要升起的太阳"！
"穿过这片林子"，穿过人生的屏障，你可以高傲地飞翔。

■ 搭起心灵的圣坛

>> 刘元举

当你把天上的星星视为水中的鹅卵石；当你把少女的披肩发视为伸展的柏油路；当你把一枚苍白的镍币视为一轮炽白的太阳，你的心灵还能有几许圣洁？

当你把天上的星星视为水中的鹅卵石；当你把少女的披肩发视为伸展的柏油路；当你把一枚苍白的镍币视为一轮炽白的太阳，你的心灵还能有几许圣洁？

人都有过痛苦的时刻，也都有过惆怅和迷惘，这不要紧，只要你肯去寻找。寻找是为了解脱也是为了拯救。于是，乔达摩·悉达多告别了那瑰丽的庄园，在漫漫苦行中修炼出耀世的佛光。于是，梵高扑向了那片热烈的人的蒙特梅哲山去经受孤独的煎熬。如果摈弃迂腐和修饰，我也曾有过一次真正的寻找。

那是一个十分苍凉的季节，我孤身走向黄河源。无边无际的枯黄馈赠给我从未有过的生命活力，在一种体验与感悟中，我搭起了一座心灵的圣坛。那里没有人造的菩萨，没有香炉，没有紫气，但那里却有着丰富而激烈的生命哲学，有着足可以征服心灵的偶像。这偶像有多大，全在于圣坛搭设的工程量。

于是，我懂得了生活，懂得了作为人的本身，懂得了怎样去做。

　　我觉得，若要有意义地活，是需要在心灵中搭设圣坛的。这圣坛就是理想，就是毅力，就是追求！

■ 赏 析

　　活在世上，总要被各种各样的权势和名利诱惑着，那些相当鲜明的思想，或许就在这诱惑之中被异化掉了，伴之而来的，是无尽的"痛苦、惆怅和迷惘"，陷于"孤独的煎熬之中"。

　　对每个人来说，生活原本都是很美好的，倘若你一味地追逐"迂腐和修饰"，那自然就会丧失生命馈赠给我们从未有过的活力。

　　抓住生活的本真，"塔起心灵的圣坛"，你才会找回自己的"理想"、"毅力"和"追求"！

■ 给春天设计一个未来

>> 罗　西

春花的计划是秋实。没有方向的航行，永远没有彼岸。

春花的计划是秋实。

没有方向的航行，永远没有彼岸。

表姐从德国回来，她说，德国人在墙上钉铁钉，都是用尺量好后，才开始钉。但是，我们仅仅用目测或手量，就立即钉去。

是人家严谨，还是我们潇洒？

是我们马虎，还是人家认真？

这件小事，一直留在我脑海里。而春天来了，除了把她拥在怀里之外，我们该对她和自已许诺些什么呢？

不久前，我在龙板光学工业股份有限公司采访时，看见该公司办公室的四周墙上，悬挂七块大看板。每块看板上，均有一偌大的正楷字，连起来就是一句响亮的口号：一开始就要做对。

该公司经营有方，就在于老板有这份用心和远见。生活中为人处世，需了解初始的方方面面，然后给自己一个有的放矢的目标。一个正确的开始，是完美结局的基础；而一开始就乱了，还会有光明的前景吗？

企业强调做出精密的年度计划。因为愈有妥善完美的准备，愈有创造高度的生产绩效；愈有用心周全的规划，愈能促成执行的得心应手。实际上，又何止企业家需要计划？服装设计大师皮尔·卡丹说：一切都是设计，没有什么不能设计。

给春天设计一个未来。

给自己制定一个目标。

没有计划就是计划失败。

让我们一开始就做对，一开始就成竹在胸。

■ 赏 析

不论人间地上，还是天穹宇宙，

不论出行近郊，还是远游天涯，

不论茅草小屋，还是高楼大厦，

不论微不足道，还是宏伟蓝图。

那一样没有人类的设计？它涉及事物的更新创造，更何况你我他的多彩年华？"没有方向的航行，永远没有彼岸"，"一切都是设计，没有什么不能设计"。而设计的目的是"一开始就要做对"，否则，一切都将始乱终跨。

朋友们，为了那完美的结局，做到一开始就成竹在胸，不论干什么，是否首先去制定规划？

■ 皈依自然

>> 吕　正

　　人有悲欢离合，月有阴晴圆缺；春华秋实，夏雨冬雪；斗转星移，四季交替；潮起潮落，生死相依；生命，从自然中来，最终又化作一缕轻烟，回到自然中去……大自然的规律是宇宙间任何力量都不能改变的。

　　人，自从诞生于这个五光十色的尘世上起，就注定与喜、怒、哀、乐密不可分。在七情六欲重奏的心曲中，我们活动着关节，舒展着骨骼，长成了千差万别的名字和千红万紫的花期。于是就有了这千丝万缕的情感世界，就有了波澜壮阔的人生。

　　人有悲欢离合，月有阴晴圆缺；春华秋实，夏雨冬雪；斗转星移，四季交替；潮起潮落，生死相依；生命，从自然中来，最终又化作一缕轻烟，回到自然中去……大自然的规律是宇宙问任何力量都不能改变的。

　　生物不能超越自然，人生亦应皈依自然。

　　其实，人，真的应该活得自然些，因为活得自然，所以才不装腔作势，不扭怩作态：因为活得自然，所以才不做作，不卖弄，一如坦荡的戈壁，壮阔的海洋；也正因为活得自然，所以才有敞开心扉，让世人观瞻的勇气！

　　高兴时手舞足蹈，激愤时怒发冲冠，此谓之自然；大笑时开怀抚掌，痛哭时涕泪横流，此谓之自然；成功时尽可一蹦三尺，失败后何妨捶胸顿足；顺境中尽可乘风破浪，逆境时何妨破釜沉舟……

顺其自然罢了。

让人生皈依自然，就是重视生命的自身价值，在红尘之中独享那份恬静，得意而不忘形，失意而不萎靡，宽厚仁慈，真诚纯朴，知足常乐，大智若愚，能把苦水当做美酒，能把伤疤看做财富，能用欢笑蘸着泪水的画笔去写意，能用泪水和着欢笑的歌喉去抒情。不以大富大贵为荣，却以无才无德为耻，平平安安活到老，轻轻松松过一生。

皈依自然的人生不该在功名利禄面前失掉本性，不该在污海浊流之中迷失航程。仔细想想，人，来世一遭，确实不易。为什么要得意忘形，不可一世呢、为什么要卑躬屈膝，夹着尾巴做人呢？让世界少一些假丑恶，多一些真美善，人生，不更趋近于自然吗？

即便世间人生观念不尽相同，每个人都有选择自己人生道路的自由，但不管别人怎么说，我都虔诚地将自己的人生——

皈依自然。

■ 赏 析

在社会日益城市化的今天，反朴归真，回归自然，反映了当今人类的心理轨迹。

那么人生何谓回归自然？"重视生命的自身价值，在红尘之中独享那份恬静，得意而不忘形，失意而不萎靡，宽厚仁慈，真诚纯朴，知足常乐，大智若愚，能把苦水当作美酒，能把伤疤看作财富，能用欢笑蘸着泪水的画笔去写意，能用泪水和着欢笑的歌喉去抒情。不以大富大贵为荣，却以无才无德为耻，平平安安活到老，轻轻松松过一生"。这才是真正的人生自然回归。

■ 只要拥有现在

>> 宋协龙

　　未来的，像海市般缥缈，似彩虹般遥远。未来的春，可以有鲜花飘香，也可能有荆棘丛生；未来的夏，可以有绿树成荫，也可能有烈日曝晒；未来的秋，可以有金色的收获，也可能有荒芜的田园；未来的冬，可以有洁白的雪花，也可能有肆虐的寒风。

　　不要总回顾过去。因为过去的。优美的诗句，也会失去新意；斑斓的画图，也会退去色彩；爱，会在时光里退热；恨，会在岁月中减淡；生活之树，会在晨暮交替中苍老；走过的足迹，会被历史的尘埃深埋。总是回顾过去，虽然也会找到闪光的记忆，但往往还会有一些惆怅和遗憾。

　　也不要总希望未来。因为未来的，像海市般缥缈，似彩虹般遥远。未来的春，可以有鲜花飘香，也可能有荆棘丛生；未来的夏，可以有绿树成荫，也可能有烈日曝晒；未来的秋，可以有金色的收获，也可能有荒芜的田园；未来的冬，可以有洁白的雪花，也可能有肆虐的寒风。

　　因此我说，不要沉湎于回顾过去，也不要太希望未来，只要拥有现在。因为拥有了现在，就拥有了真实。在真实中，该写的诗，让它充满浪漫；该画的画，让它大放异彩；该给予的爱，让它岩浆般炽热；该发泄的恨，让它冷如冰川。苦涩的，要品出甜蜜的甘汁；

甜蜜的，也要嚼出辛辣的味素。该追求的，就大胆追求，不留一丝遗憾；该奉献的，就无私奉献，不留一点内疚。在真实中生活，要勇于承担起自己的责任，为了祖国美好的明天，刻苦奋斗，百折不挠。只有这样将来才能幸福地回忆今天，今天才能充实地希望未来。因为现在能够弥补遗憾的过去，一个个"现在"相加，就是美好的未来。

■ 赏 析

历史的辉煌终属过去，梦幻，憧憬，向往则属于未来。把心献给今天，用真诚拥抱现在，因为现在能够弥补遗憾的过去，一个个"现在"相加，就是美好的未来。

"古为今用"，我们不能抛弃历史，但也不能总是回顾。未来充满浪漫，我们会认真的设计规划，但也不要总希望将来。

现实就是真实，拥有了它，我们才会承前启后，脚踏实地，英勇壮烈。

为了美好的明天，在真实中我们经过浴血拼搏，"将来才能幸福地回忆今天，今天才能充实地希望未来"。

■ 大山的花季

>> 王安雄

　　与松柏相依，芳菲一家；登千切高处，向天竞发；看云海拱日，银瀑飞挂。

　　就爱这样简约而粗放地活着。

　　无非多一点风吹日晒，无非多一点浅饮淡喝，无非多一点披霜踏露。

　　就愿这样甘守寂寞地活着：

　　无论立足之地，只是一片石板，几分瘠薄，你都满怀一腔如霞的色彩，悄然地去把明天的鲜美开拓；无论周围的环境，杂草遮阳，甘露不多，你依然无忧无虑地生长，朝气勃勃地倾吐春色——开花的季节就开花，结实的日子就献果。

　　就想这样壮志凌云。生命强盛地活着：

　　与松柏相依，芳菲一家；

　　登千切高处，向天竞发；

　　看云海拱日，银瀑飞挂。

　　怯懦者形容你是一种难以接受的选择，无畏者则赞美你是一种难以接近的崇高姿势；

　　风风雨雨，不曾见你意志萎缩；

　　坎坎坷坷，不曾见你士气低落。

太阳永不褪色，你也永不褪色。

■ 赏析

守着孤独，守着寂寞，这是对意志的熔炼，也是对美好将来的承诺。

人生之路，或许鲜花铺就，成功多多，或许偶遇挫折，精神失落。但只要保持一份平常心，直面现实，就胜过神丹妙药。

花草不择地而生，鸟虫不择窝而栖。顺应自然，拥有真实，不屑风雨，无畏坎坷，"开花的季节就开花，结实的日子就献果"，这样，就会送走忧虑，迎来蓬勃。

朋友，你是否艳美这样的生活？

■ 我喜欢阳光

>> 丽　娃

　　爱情于我，一如阳光。我得它很晚，可它不老，不弃我。我感情脆弱，极易被他伤或自伤。生活中，一朵乌云就足以使我陷入淫雨霏霏的心境，而我的爱人此时若在近旁，他便要有不同的心境，未受他阳光的朗照。我是多多地沐浴了那份温情的，那无时不在，无处不在的爱，使我常处感动之中，庆幸自己是世间一个最幸福的人。周围的人美我生气不减，却不知我那活力之源。我自己清楚，阳光若有吝啬，我定会失了血色，枯了面容。没有朗朗阳光，哪有盈盈月华？

　　我于天气最敏感，倒不是身上关节有毛病，只是心情。

　　若天阴上几日，心情便怎么也高兴不起来，一人枯坐家中，咀嚼阴沉，直觉得生命失了颜色，也失了风味。几日不见太阳，就好像已隔了几月几年。久晴后才不过二三日转阴，便抱怨阴滞留的时日太长。若久阴逢晴，盼到那第一抹阳光涂上窗棂，我是不禁要欢呼的。金阳把一切从死灰中挽起，万物被点了魔杖，变得通体辉煌，如一曲激越的交响。我爱于窗前聆听，我喜欢阳光。

　　站在讲台上对大学生讲：沈从文先生断定他文中的忧郁是由于五十年前南方阴雨天气所致。那么，我与阳光呢？我尝试着翻捡记忆的碎片。

　　儿时，冬日里常靠墙晒太阳，认为阳光被一面墙堵住时最暖，所以爱搬一把木椅靠墙根坐晒。没有小人书，没有外婆的故事，就只有看太阳，看太阳如何发光热。太阳或红或黄，不让人看，我偏要看，居然看清了中间的光没有周边的强，周边的光焰要出来，像炉膛里的火。看疼了眼就用手捂住，歇歇隔了看。于是我有了一个发现，得了一份享受。我看到捂脸的手变得通红，特别是那十根手指，被阳光一照，红得透明。那是种非常纯净的透红，是我见过的最纯美的颜色。那透红只有阳光与人体亲和时才有，不然，并拢了手指，对着阴灰的天空怎么就看不到呢？用一张纸对着太阳怎么也看不到呢？我迷恋那纯粹的透红，手捂脸，眼大张，小弟不知，还以为我怕光呢。

下乡后，阳光不为教室、楼影所排挤，它为我和田野厚厚地铺，薄薄地洒。田间小憩，大嫂子跑回村奶孩子，大姑娘田头纳鞋绣袜，我则草帽一个枕了头，手绢一方蒙了脸，舒展身体在田埂边的草皮上。劳动中还不觉晒的，躺下一会就感到了皮肤有些个痛，但非常快意。衣服晒得发脆，依稀嗅着些焦味，用手一摸，不禁烫缩了手。只是不能就睡去，头脑热昏昏的却爱四面八方地乱想。幻想着遥不可知的爱情，幻想着与爱情同样渺茫的招工。想得曲曲折折缠缠绵绵，每每没有结果时开工哨就响起了。金阳下我最易入幻境，冥冥中得到些感情的营养和精神的补偿。知青四年，我始终对生活满贮热情，我得感谢阳光。

爱情于我，一如阳光。我得它很晚，可它不老，不弃我。我感情脆弱，极易被他伤或自伤。生活中，一朵乌云就足以使我陷入淫雨霏霏的心境，而我的爱人此时若在近旁，我就有了不同的心境。我是多多地沐浴了那份温情的，那无时不在，无处不在的爱，使我常处感动之中，庆幸自己是世间一个最幸福的人。周围的人羡我生气不减，却不知我那活力之源。我自己清楚，阳光若有荠薷，我定会失了血色，枯了面容。没有朗朗阳光，哪有盈盈月华？

我的学生亦是我活力之源，发现此时，我联想到文化史上的互哺，反哺。久阴不晴的日子，我又囚子斗室，眼见着心情刻刻走向冰点。那日有课，夹上讲义去了教学楼。返回时，脚步轻捷，合着脚步，一支歌哼出了喉。我疑惑自己，怀疑那歌是从别人口里唱出的，扭身回望，笔直洁净的校园大道上人迹稀少，而一地的金阳厚厚地，一直铺到路的尽头。我抬头向天，啊，久违了，太阳！自然是心中大悦，但我分明在感觉到它之前心就已驻满阳光的。每当我走进教室，融进那青春欲滴的学子之中，霞光就在我身边展布，或助我剪开浓重的云层，或向我渲染出满天的激情，他们和我，一起把太阳斟满。讲坛执教十几年，酷暑忘却热，严寒不知冷，是因为置身于早晨的阳光之中，它没有烈焰，它给人希冀。

我对天气的敏感其实是我对阳光的深爱，我想，如果真有那么一天，人世间没有了太阳，那么，我当第一个死去，在一切生命之先。

■ 赏 析

仰视阳光，感知它那炽热的烈焰烧烤着晦色的心思，感知它喷薄的激情和驱散忧郁的巨大力量，你怎能不为之心动为之歌唱呢？

仰视阳光，你会找到更多的感觉和思想，你会静如至水，于厚厚的暖意之中恬读它的火焰和美丽，心境自然会豁然开朗，世界也自然会在你的眸中愈放愈大。

感谢阳光，它带给你对生命的深爱和力量，何苦要抱怨自己命运多舛呢？请直面一下太阳，你就会窥视到生命之中无尽的光芒！

假如"没有了太阳"，"那么，我当第一个死去，在一切生命之先"。

■ 仰望太阳

>> 霍华民

　　细寻思，人在孤寂的时刻企盼有朋友，这样，不妨和太阳交个朋友。无须握手，无须语言，只要仰望一下就行。这样做了，它准会给你以热辣辣的回报。同时，它还敢于映出你或长或短的身影，冲淡你的寂寞……

　　每每疲惫、忧伤、愁苦、空虚和百无聊赖的时候，我都自觉不自觉地想瞧瞧太阳。我深觉：太阳有不可回避一切目光和问题的奇妙的能耐，还有让人享用不尽的温暖和激昂情味！

　　想必，别人或许也会有同感。

　　细寻思，人在孤寂的时刻企盼有朋友，这样，不妨和太阳交个朋友。无须握手，无须语言，只要仰望一下就行。这样做了，它准会给你以热辣辣的回报。同时，它还敢于映出你或长或短的身影，冲淡你的寂寞……

　　的确，望望太阳，能让人多一份思索，呈出一些愧色，添一种震憾，受一次熏陶……太阳有升也有落，这是大自然的规律。人生的路上，有凹也有凸。对此，往往有人则不认为是自然的，竟一味抱怨自己命运多舛。其实，这大可不必。在忧患面前，直面一下太阳，你一定不会再发愁的。我想，这应该是人生的箴言。

　　说太阳是不枯竭的生命，这话不准确，说太阳完美，它还有那不尽人意的黑子。所以，我们还是把太阳看成一个使者——它不向人类索取什么，它的存在就是燃烧自己。一切都在自然中。

太阳，从那闪耀灵性的光辉里，最易读到的一句话就是：自己看重自己，有它没它不一样。

末了，我想，愿众多的朋友，在仰望太阳时找到更多的感觉和思想。

■ 赏 析

仰视一下太阳，然后，再回过头去，定睛看一下自己的身影，是虚浮？是庸懒？还是忧伤，愁苦？

"望望太阳，能让人多一份思索，呈出一些愧色，添一种震憾，受一次熏陶……"太阳之美，就在于它的"闪耀灵性的光辉里"，它从不向人类索取什么，"它的存在就是燃烧自己"。无私地奉献自己，用自然之光普照大地，用自然之力揭开万物的神秘。

朋友，你心中的太阳在哪里？你是否懂得了"自己看重自己"的道理？

朋友，你听我说

>> 赫　河

朋友，让我们用温馨的笑脸来迎接人生的挫折吧！让我们用百倍的勇气去战胜一切不幸吧！因为，人们的生活需要信念，只有坚定信念，才能磨砺生的意志，展示生的魅力；有了信念，生命才有坚强的骨架、隆起的肌肤、沸腾的血液；有了信念，人生才有希望之光，才有坚定的步伐，奋力的搏击。

朋友，你听我说，生活就像一首诗，又像一首歌；它既有忧伤，也充满着欢乐。请你不要为暂时的失败过分悲伤，也不要为小小的过失而彷徨沉沦。

朋友，你听我说，生活就像一只五味瓶，有甜、酸、苦、辣、涩。它从来就不只是斑斓的彩梦、荣誉的鲜花、成功的微笑，它还会有酸涩的泪、紧锁的眉、徘徊的脚步、断肠的苦酒——这就看你怎样去对待生活了。

朋友，你听我说，当你在生活的道路上遇到困难和挫折时，愿你以信念来撑起生活的风帆，逆流而上，永不停航。鲁迅先生曾经说过："真正的强者应该用百倍的勇气来迎接人生的巨大不幸。"美国诗人惠特曼也唱给我们一句哲理诗："生就是耕耘，死就是收获。"信念是一柄利剑，它会击穿你身边抑郁的岁月；信念是你力量的源泉，它会鼓舞你勇敢地顶起生活的重担。

朋友，让我们用温馨的笑脸来迎接人生的挫折吧！让我们用百倍的勇气去战胜一切不幸吧！因为，人们的生活需要信念，只有坚定信念，才能磨砺生的意志，展示生的魅力；有了信念，生命才有坚强的骨架、隆起的肌肤、沸腾的血液；有了信念，人生才有希望之光，才有坚定的步伐，奋力的搏击。

■ 赏 析

在生活中，人们难免会遇到各种困难和挫折。但如何面对挫折呢？这篇文章的作者，以朋友的身份，给了我们一个明确而响亮的回答：请不要为暂时的失败而过分悲伤，也不要为小小的过失而彷徨沉沦，要正确地对待生活。当你在生活的道路上遇到挫折时，愿你以信念来撑起生活的风帆，逆流而上，永不停航。让我们用温馨的笑脸来迎接人生的挫折，用百倍的勇气去战胜一切不幸！这语言，铿锵有力，情真意切。它把作者想要说的话直截了当地表达出来，真不愧为一篇直言的好文章。

■ 追　求

>> 李艳红

红叶也真不简单，红过之后，便被遗忘；然而，它却对自己生命的红色，不渝地追求着，年复一年的追求着自己生命的最终目标．把红得像火一样的热情奉献给人间，把美奉献给人间。

又是红叶满山的时候。本来，这秋意能带给人几分遐想，然而，此刻的她却无心享受这份惬意，孤独地穿行在这片红色中，试图摆脱灰色的心情——第二次高考失利加给她的颓唐。

她是第二次来这里了。虽然杂乱的思绪并没得到整理，家里沉重的氛围依然环绕着她，但她觉得，这遍山的红叶能够懂得她，能够分散她的忧郁。其实，上大学又不是唯一的路。"天生我材必有用"，何必千军万马过那独木桥。可是，又有谁理解她呢？父母只对成绩感兴趣，却从不对她的时装设计图看上一眼。别人不看，那就自己欣赏吧！取出厚厚的一叠，眯着眼睛细细地追寻着流畅的线条，明快的色彩。真舒服！真有说不出的快乐。然而，就在第二次高考的前几天，妈妈终于发现了她的秘密。于是，她的寄托随着跳动的火焰，变成了灰色一片。

终归还是没考上。妈妈的表情已由失望变成了愤怒、冷落。两个月来，妈妈几乎没同她说过什么话。她受不了这冷落，更不愿接受再进补习班的命令。于是，她便来到了这儿。

踩在吱吱作响的叶子上，她甩了甩头，竭力想摆脱内心的纷杂。无奈，太多的无奈，压得她不得喘息。唉，怎么办呢？叶子依旧在她脚下"抗议"。瞧，叶子都需要人的尊重与爱护，而自己呢？当然更需要。她停下来，望着遍山红色，忽而意识到：红叶也真不简单，红过之后，便被遗忘；然而，它却对自己生命的红色，不渝地追求着，年复一年的追求着自己生命的最终目标，把红得像火一样的热情奉献给人间，把美奉献给人间。

枫叶追求着红色，就像白云恋着蓝天那般执着。当然并不是所有的叶子都会变红。枫叶，只有这枫叶才将这秋日满目的金黄缀上不同凡响的点点红！她感到有一种新生的力量又回到她的身上。灰色的愁绪已被这浓重的红色染透，那无形的网，也早已悄然逝去。

她的脚步也轻快起来。沿路，她拾起一片又一片的红叶，好像找回了那已飞逝的设计图。她忘我地拾着，她感受着生命的复苏。

回到家中，独自欣赏着这些红的精灵。感谢大自然赋予你的红色；感谢你赋予我的启迪。她这样想着。又拿起了笔，重又将她心中的话写出来。红色、理想、憧憬、追求，此刻都随笔尖流动到纸上。于是，一件件"衣服"便都充满了活力。

她又奔上了层林尽染的小山，她要同曾给予她启迪与活力的红叶一起分享着不可言状的兴奋——她的一组以"枫叶的追求"为主题的系列服装设计获得了一等奖；还有，妈妈也终于理解了她。

■ 赏 析

这是一篇富于抒情意蕴的叙事散文。文章托物寄志，以枫叶为红色的不渝追求象征自己对美好理想的追求；以枫叶对金秋的点缀象征自己愿把美好奉献人间的心愿，构思可谓之巧。

　　从内容上看，感情线索清晰。"红色"与"灰色"的冲突，即文章的矛盾冲突。具体说就是理想与世俗偏见的冲突。"红色"是全文的主色彩，战胜偏见追求理想是全文的主基调。它贯穿于文章之中：灰色的氛围中，她来到爬满了红叶的小山，她试图以一片红色做寄托来摆脱灰色的干扰。毕竟是"红叶满山"，遍山的红色，是红叶对自己生命目标不渝追求的结果。她也"懂得"了红叶，她的感情随遍山的红色而奔放，红叶不仅给了她启迪，更给了她力量，这力量使"灰色"终被"红色"尽染，使灰色无形的网"悄然逝去"。她战胜了偏见，"感受到生命的复苏"和追求的喜悦。总之，她的感情在红色的感召下经历了试图摆脱困惑——战胜世俗偏见——感受追求的喜悦的过程。

■ 渴望苦难

>> 萧　壹

　　逃避苦难是一种不智。我渴望苦难，渴望不幸联袂而来，渴望在理解了苦难的真正内涵后能够高踞于人类的所有苦难之上，能够找到非自己莫属的精神哲学。到那时，帐篷也似皇宫，而领受者，更如千年帝王。

　　人类文明一次又一次地飞跃，我们习惯于退守家园享受安逸。而苦难，作为过去重重叠叠岁月的一种馈赠，似乎已成了一个老得该进博物馆的历史名词。我们常常拒绝苦难。

　　我们甚至也拒绝生活。一位住读的朋友不止一次地向我们诉苦："再不要住读了，什么都要自己来。要自己洗衣服，自己取饭，还要自己洗饭盒，还要——"不敢再让她"还要"下去，怕她再来个"还要自己吃饭"。也说不得她什么，连生活都懒得接受的人，要她接受苦难恐怕连门儿都没有。真为我们惭愧！

　　有幸生在这个时代，当然没必要人人都再去经历苦难。然而，科学虽然成就了许多伟大改变，文明亦使人的四肢退化——至少我那位友人就是，但科学和文明本身还不能使我们全部和完全脱落苦难。

　　所以逃避苦难是一种不智。所以我渴望苦难，渴望不幸联袂而来，渴望在理解了苦难的真正内涵后能够高踞于人类的所有苦难之上，能够找到非自己莫属的精神哲学。到那时，帐篷也似皇宫，而领受者，更如千年帝王。

去了一趟大西北，回来后便再也不肯忘记藏胞们那张张凝重而又深刻的脸。那一群被苦难压得太久的生命啊，睁着眼我都能听到深沉的叹息。属于我的那份乡愁，从此便毫无理由地交给了大西北那些苦难的乡亲。

真的毫无理由，若你一定要有，我便将马丽华，那个藏北草原上孤独而骄傲的灵魂的告白作为回答——缺乏苦难，人生将剥落全部光彩，幸福更无从谈起。

■ 赏 析

人人都渴望幸福，渴望不劳而能享受。而"渴望苦难"确是一个新鲜话题，让人有必读的兴趣。

作者从人类文明的飞跃，生长在现代科学时代的人已逃离了苦难或基本逃离了苦难，到过上衣来伸手，饭来张口的生活写起，表明了不少人不愿吃苦，甚至反对吃苦。所以，作者认为，如果这样长期下去，"文明亦使人四肢退化"，从而得出逃避苦难是一种不智。最后作者以自己到西北的亲身体验，和藏北雪原上孤独而骄傲的灵魂的告白作为回答来结束全文，发人深思。

心中的大海

>> 樊 翌

我所向往的真正大海就要来了！海浪缓缓退回去，把无数颗不能自卫的砂石卷入深不可测的海底。猛然间，它又以迅捷的速度拍打上岸，疾驰而来，好像要用它那巨大舌头一般的浪头把我吞没。天刹那间黑起来，海水变成了墨绿色。浪潮翻卷的声响近乎轰鸣。大海就像狂暴的恶魔一样肆虐着。

我爱大海，对于我，大海的真正美不是微波荡漾，波光粼粼；而是在于它奔腾、汹涌时那不可阻挡的气势。为再次领略它震撼人心的美，我又一次来到北戴河。

吃过晚饭，我在海边漫步。脚踏在这平滑、细腻的沙滩上，眼望着这浩瀚无边的大海，尽管颜色有些单调，可还是让我非常惬意。海边微风习习，海面上不时泛起微波，轻盈荡漾着翡翠色的海水，似是诱人的陈年老酒，散发出缕缕馨香。天上没有太阳，也没有月亮，只有大片的云雾消散在空中。

近岸，海水有韵律地拍击着沙滩。当天空逐渐变成灰白色，皎洁的月亮升在高空时，海面上忽然起了风，夹杂着海腥味猛烈地吹来。大海也随之变了模样。波涛翻滚起来，浪头一阵高过一阵奔涌上岸，拍打海岸的声响也愈来愈大。一个巨浪冲上岸来，淹没了我的脚，顿时，一股凉气袭遍全身。我急忙向后退去。我明白：我所向往的真正大海就要来了！海浪缓缓退回去，把无数颗不能自卫的砂石卷入深不可测的海底。猛然间，它又以迅捷的速度拍打上岸，疾驰而来，好像要用它那巨大舌头一般的浪头把我吞没。天刹那间黑起来，海水变成了墨绿色。浪潮翻卷的声响近乎轰鸣。大海就像狂暴的恶魔一样肆虐着。

啊！这才是大海的本色啊！这世间无与伦比的海的震怒，这壮烈、咆哮的美。我似乎感受到海用狂啸以征服所有一切的雄心；它不仅要摆脱万物，还要摆脱掉它自己，它要从这躯体中崩出更新的体肤，重新塑造自己。

岸边停着的几只木制渔船，它们是弱者。瞧！被潮水击打得毫无气力，只能任波澜的摆布，拼命的祷告着。它们没有海的雄心与气魄，只能随着环境的变化而被动地应付。

苍茫的夜色中，只看得见蹿涌至一人多高白色轮廓的浪尖猛烈扑来，那惊心动魄的海的狂吼盖住了其它一切声响。此时此刻，万物不复存在，天地间只有这咆哮的海，继续征服着世上的一切。

啊！这是我心中的大海，它浩浩荡荡，汹涌澎湃，它怒卷狂澜征服一切！一切在它面前是那样渺小，那样微不足道。

我被这夜晚大海的奔流不息的气势感染了，仿佛我也融入到这片汪洋之中，与海成为一体，一起去战胜困难，去超越自我，去征服世界上的一切艰难险阻。

啊！我心的中大海……

■ 赏 析

对大海，有人爱它的微波荡漾，波光粼粼的宁静、平和、温柔；也有人爱它的排山倒海、滔天巨浪不可阻挡的气势。我更爱大海

"巨浪拍岸，卷起千堆雪"的伟力。

让我们与海成为一体，一起去超越自我，去征服世界上的所有艰难险阻。

作者看到波涛汹涌的大海雄姿，心情激荡，而将自己的情感与大海的波涛融合在一起，表达了自己要超越自我，征服世间一切艰难险阻的决心。情景交融是由于主观抒情与客观景物的有机统一。文章之所以能够自然和谐地表达自己的心志，是因为作者注意从生活的实感出发，抒发了自己对客观景物的真切感受，"会景而生心，体物而得神。"

■ 从自己的房子里走出来

>> 明　月

自己的房子永远不是最好。今天的房子永远不会是明天的最新。因而，伟大的生命不在于看护和敝帚自珍，而在于超脱和扬弃。

有了房子，便有了一种保护，一种踏实、满足和成就感。一幢装修豪华的房子，常常被它的主人和非主人当作人生辉煌的醒目标志。因而，人在许多时候。痛苦是因为房子，得意也是因为房子。

一座房子常常是我们锲而不舍地付出的累积和凝聚。可房子建成后，蜷伏在我们心灵深处的惰性和自傲，也正在围困我们的思想，挡住我们的视线。如果我们不想让自己的余生做空耗生命的囚徒，我们就应时刻不忘走出自己的房子。

房子再大，空间也是有限的。有哪座房子可以包容万物、巍峨千古呢？走出自己的房子才知道，满足的我们其实只是井底之蛙。原以为见到的天空有多么大多么大，实际却是这么小这么小。我们在理想中构筑的完美的房子，在它建成的同时就已经落伍了：走出自己的房子，我们眼见的是楼外有楼，山外有山，天外还有天！

自己的房子永远不是最好。今天的房子永远不会是明天的最新。因而，伟大的生命不在于看护和敝帚自珍，而在于超脱和扬弃。

走出愚顽固执的闭塞，走出夜郎自大的骄狂……走出自己的房子，前面就是阳光地带。当那颗青春浪漫的心游弋于蓝天草地之间的时候，束束理性和灵性之光也正守候在智慧的门外。这时刻，我们的思维最开阔，我们的人性也表现得最充分。仰望苍茫天宇，那些垢藏于心的恩怨情仇和名利得失自是释怀云散。

困囿于小屋，生命便无法恣意地伸展；心有樊篱，人生便如负重的蜗牛。

人生得意，最不可少的东西有两样：一份源源不断的创造力和一份四季春风的好心情。

从自己的房子里走出来，让生命开怀。

■ 赏 析

"走出自己的房子"就是"走出愚顽固执的闭塞，走出夜郎自大的骄狂"，投身于偌大的世界之中，你才会感到：一幢房子该是多么渺小啊。

而"包容万物"的世界，正敞开胸襟接纳每一位执著追求的人，从自己的那个圈子里走出来，"让生命开怀"，让昔日浮躁的身子重新找到梦的方向，然后，射出双脚，发足狂奔，"束束理性和灵性之光"正照亮我们的额头……

果敢地，"从自己的房子里走出来"！